稼げる占い師、稼げない占い師

伊藤マーリン
ITO MERLIN

はじめに

これは「占いの仕事で稼げるようになりたい」という占い師のための本です。

「私は占いを勉強中だから、無料《タダ》で鑑定します」「私は占いをライフワークとして、ボランティアで鑑定します」という方は、この本を読む必要はありません。どうぞ今のまま、占いの知識と技術を無料で提供してください。

逆に、「占いの仕事で満足できる収入を得たい」「占いの仕事で生計を立てたい」という方は、今すぐこの本を読み、内容を実践することをオススメします。

占い師の中には、「最初は趣味だった占いが仕事になった」という方も多いでしょう。占い好きが高じて勉強を続けるうちに身近な人を占うようになり、それが仕事になったというパターンです。ただ、趣味からスタートした場合、鑑定でお金をもらうことに抵抗を感じる人もいます。それこそ「占いで稼ぐ」という言葉そのものに否定的な印象を持つ人もいるでしょう。

でも、それは誤解です。そのような人は「稼ぐ」と「儲ける」を混同しています。「稼ぐ」は努力してお金を得ること、「儲ける」は抜け目ないやり方でお金を得ることです。また、「稼ぐ」という言葉には「生計を立てるために一生懸命働く」「働いてお金を得る」という意味もあります。「占いで儲ける」のは悪どいですが、「占いで稼ぐ」のは当たり前のことです。

稼げる占い師とは「占いの仕事の成果を、満足できる金額に変えられる人」です。逆に考えれば、稼げない占い師とは「占いの仕事を頑張っているのに、満足できる収入を得られない人」なので、仕事のやり方を今すぐ見直す必要があります。

私は占い師として仕事を始めた頃から「占いは信じるものではなく、幸せになるための道具」をモットーにしてきました。あなたが頑張って占いを勉強し、身につけた占いの知識と技術を生かして人の相談に乗り、悩みや不安を解消することでお金を得る。占いを使って人が幸せになるためのサポートをし、その対価としてお金をもらう。それが「占いで稼ぐ」ということです。

占い師の仕事をしている人ならご存知の通り、人の相談に乗るのはかなりエネルギーが必要です。とてもやりがいがあると同時に、大変な仕事です。鑑定に来るお客様は悩みや不安を抱えているので、ネガティブな言葉をぶつけられることも多々あります。それなのに、低額で鑑定をすることになったらどうでしょう？　当然、鑑定に向かう意欲や占い師として働くモチベーションは下がるはずです。

また、占い師の仕事は蓄えた知識を使う「頭脳労働」であると同時に、常に自分の感情をコントロールすることを求められる「感情労働」でもあります。そのため、占い師は自分の頭と体と心を健康に保つために、十分なお金を稼ぐ必要があるのです。プロの占い師として長く仕事を続けるためには、きちんと自分が納得できる金額の鑑定料をいただくこと、つまり「稼げる占い師」になることが必要不可欠です。

さて、ここで著者である私・伊藤マーリンの自己紹介をしましょう。会社員としてフルタイムで働きながら副業で8年間占いの仕事を続けた後、２０１２年に占い専門の会社を起業。占いの仕事を専業にして今年（２０２１年）で9年目になります。

副業占い師時代は、占い館での対面鑑定、電話占い鑑定、メール鑑定、占いイベントへの出演、占い原稿の執筆をはじめ、占い館の出店や電話占いサービスの開業サポート、占いアプリの開発や運営などにも携わりました。

起業と同時に専業占い師になってからは、占い講師と占いライターの活動をメインにしています。西洋占星術とタロットカードを融合して考案した開運アイテム・アストロカード®の講座を開講したり、タロットや西洋占星術の本を書いたり、雑誌やWebメディアに占い原稿を提供したり、占いの仕事を幅広く展開しています。

私がこの本を書こうと思ったのは、アストロカード®講座の受講生達との交流がきっかけです。アストロカード®講座では毎回、鑑定の実践練習として受講生全員に「一番気になるテーマ」を占ってもらいます。

受講生には、プロ占い師デビューを目指している人がたくさんいます。そのため、最も多い質問は「近い将来、今の仕事を辞めて占いの仕事をしたいけれど、うまくいくでしょうか？」というテーマです。

この時、受講生の心の中にあるのは「占い師としてうまくいくか？（＝占い師になってお金を稼げるか？）」という疑問です。さらに本音を深掘りしてみると、「やりがいのない今の仕事を辞めて、占いの仕事をしたい。でも、十分なお金を稼ぐ自信はない」という不安が潜んでいることがわかります。

アストロカード®で占うと、この質問の答えはハッキリ出ます。実際、このテーマで鑑定した受講生達は納得できる結果とアドバイスを得て、みんな満足した表情でアストロカード®のレッスンが終了します。ただ、私はその様子を見る度に、うれしい反面、少し複雑な気持ちになります。それは、私が「稼げる占い師になりたいなら、その成否を占う前にやるべきことがたくさんある」ということを知っているからです。

「占い師」は特殊な仕事という印象がありますが、就業形態はフリーランスの自営業者です。「世の中に必要な商品やサービスを提供し、お金を得る」という仕組みは他の仕事と同じです。そのため、「稼ぐためにやるべきこと」はある程度決まっています。他のビジネスと同様「これをやったら絶対に稼げる！」という黄金の法則はないものの、仕事で稼ぐために必要最低限やるべきことはあるのです。

また、アストロカード®講座の受講生の中には、本格的に占いの仕事をしているプロ占い師も多数います。その方達は占い館や電話占いで鑑定したり、自分の占いサロンを運営したり、バイタリティと情熱を持って占いの仕事をしています。ただ、そんな本気のプロ占い師でも、思い通りに稼げない場合があります。頑張っているのに収入面で成果が出ない彼女達の姿を見る度に、私は「もったいない！」と思うのです。

例えば、プロのデザイナーにHPを作ってもらったのに申し込みが来ない、頻繁にSNSを更新しているのに集客に苦戦している、毎晩電話占いで待機しているのに依頼が少ない……などなど。せっかくお金や手間をかけているのに、やり方が間違っている。それればかりか、努力が裏目に出てしまっている。そんな状態です。

もちろん、占い師ご本人から相談を受けた場合は、私の知識と経験をフル活用してあらゆる改善策を伝えます。ただ、そうでない場合は……私が一方的に「こうすればもっとうまくいきますよ！」と言っても、余計なお世話にしかなりません。

そんなプロ占い師達の様子を見ながら私が抱き続けてきた「ああ、もったいない！努力の成果を収入アップにつなげる解決策を伝えたい！」という強い気持ち。それが、この本を書く原動力になりました。

そのような経緯から、この本ではあえて「稼げる占い師の特徴」だけでなく、「稼げない占い師の特徴（ダメな例）」をご紹介しています。もちろん、「稼げる占い師になるための方法」を実践することが理想的ですが、自分が「ダメな例」に当てはまっていないかチェックし、それを止めるだけでも効果があります。

本書が占い師の仕事を頑張っている人の役に立てば、著者としてこんなにうれしいことはありません。この本で紹介する内容を今すぐ実践して、「稼げる占い師」になりましょう！

伊藤マーリン

この本を使う時のポイント

1　総合的に考える

この本は、稼げる占い師になるためのテクニックをマーケティング力、ブランディング力、営業力、仕事のスキル、お金の知識の五つに分けてご紹介しています。重要なポイントは、それぞれを個別に考えるのではなく、すべてを総合的に考えることです。

例えば、マーケティングをしなければ、ブランディングができません。また、ブランディングが曖昧《あいまい》なまま営業を頑張っ

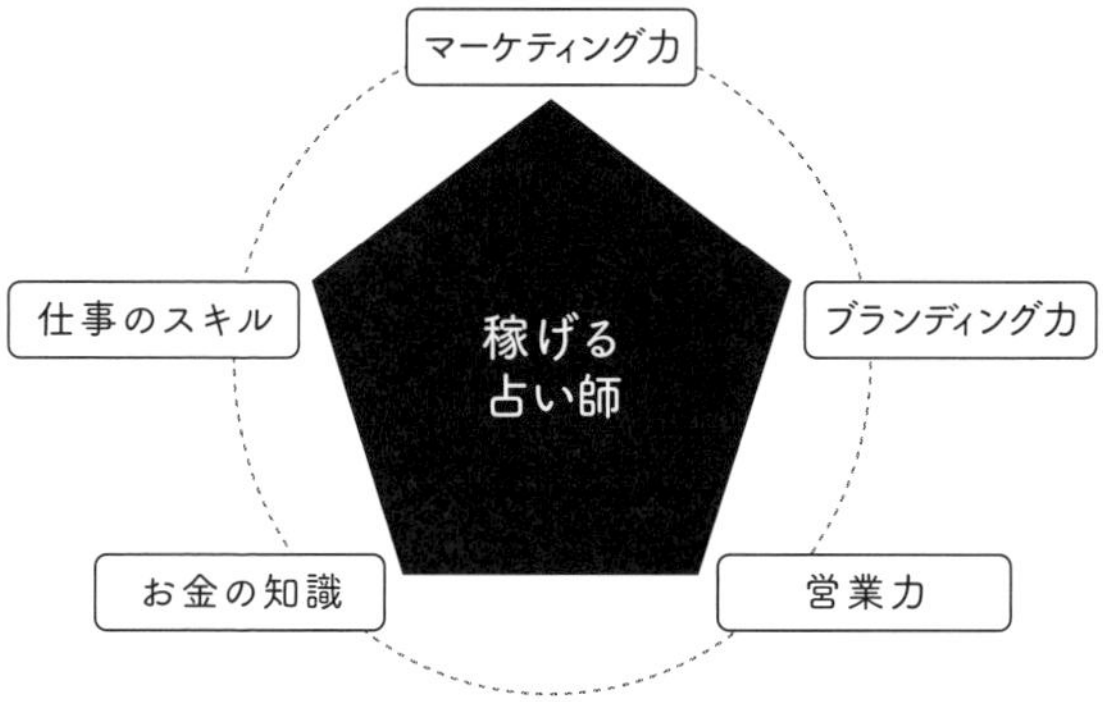

ても、効果はありません。

何から手を付けていいかわからない場合は、第1章マーケティング力の「誰の、どんな悩みを解決できるのか」を決めるところから始めましょう。ここが稼げる占い師になるための核心、最も重要なポイントになります。

2　実際にやってみる

この本ではそれぞれの項目の冒頭で「ダメな例」をご紹介しています。もしあなたが現在進行形で「ダメな例」を実行していたとしても、ガッカリしないでください。「ダメな例」に当てはまるということは、あなたが「実際にトライしてみた」という証です。自分で考えて、実際にやってみたのは、とても素晴らしいことです！

「ダメな例」に当てはまったからといって、あなたがダメだということではありません。あなた自身に問題があるのではなく、あなたの「やり方」が間違っているだけです。あなたにはすでにアイデアを実行する力が備わっているので、努力する方向性を変えればうまくいきます。

失敗するよりも怖いことは、失敗を恐れて動けなくなることです。だから、「ダメな例」に当てはまっても、落ち込むことはありません。むしろ、行動した自分をほめてあげましょう。そして、本書で紹介している方法を総合的に考えて、実行してみてください。

占い師棚卸しシート

「稼げる占い師」になるために、あなたの占い師としてのキャリアを振り返り、棚卸しをしましょう。まず、次の項目に答えを書き込んでみてください。

占い師ネーム	
占いと最初に出合った時期	
占いに興味を持ったきっかけ（媒体／場所）	
初めて触れた占いのジャンル	
自分以外に最初に鑑定をした相手と時期	
通った占い学校・講座	

占いを学んだ期間（合計）	
最初に購入した占い書籍・雑誌	
これまでに購入した占い関連書籍の冊数	
その購入費用（総額）	
あなたの憧れの占い師	
あなたの好きな占術	
その理由	
あなたの得意な占術	
その理由	
あなたの苦手な占術	
その理由	

判定チェックリスト

あなたは
どれくらい稼げる
占い師になれる!?

□占いの勉強を200時間以上している
□占いの勉強を3年以上している
□これまで占いの勉強に50万円以上かけた
□占いの学校で学んだことがある
□10人以上の占い師に鑑定してもらったことがある
□命術をマスターしている
□卜術をマスターしている
□相術をマスターしている
□占いの本を30冊以上読んでいる
□専業占い師である（占いの仕事が本業だ）
□占い師仲間が10人以上いる
□占いイベントに出演したことがある

□占い館での鑑定経験がある
□電話占いでの鑑定経験がある
□これまでに300人以上を鑑定した
□家族に占い師として活動していることを話している
□占い師ネームを持っている
□占い師としてブログを書いている
□占い師としてSNSをやっている
□占い師としてHPを持っている
□占い師として動画をアップしている
□講師として占いを教えている
□占いグッズをプロデュースしたことがある
□占いのイベントにゲストとして招かれたことがある
□占い師として雑誌に掲載されたことがある
□占い師としてテレビ出演したことがある
□占い師として本を出版したことがある

□接客業・サービス業をしたことがある
□人の話を聞くのが好きだ
□どちらかといえばインドア派だ

結果

チェックした項目が
1〜10個だったあなた
▼
目指すは
「副業で月5万円以上稼ぐ！
セミプロ占い師」
▼
この本を最初から最後まで
熟読しましょう！

チェックした項目が
11〜20個だったあなた
▼
目指すは
「専業で月30万円以上稼ぐ！
プロ占い師」
▼
この本の★と★★マークの項目を
中心に熟読しましょう！

チェックした項目が
21個以上だったあなた
▼
目指すは
「稼ぐ金額は青天井！
人気占い師」
▼
この本の★★マークの項目を
中心に熟読しましょう！

CONTENTS

第3章 稼げる占い師になるために必要な営業力

第4章 稼げる占い師になるために必要な仕事のスキル

第5章 稼げる占い師になるために必要なお金の知識

※本書でご紹介しているサービスの内容や金額などの情報は、2021年2月現在のものです。

第1章

稼げる占い師になるために必要なマーケティング力

01
★★

稼げる占い師は、
「誰の、どんな悩みを
解決できるのか」をアピールする
稼げない占い師は、
「何でもご相談ください」
とアピールする

ダメな例

▼「恋愛、結婚、仕事、お金……どんなお悩みでもご相談くださいね」
▼「あなたの運勢を総合的に占い、開運に導きます」

稼げる占い師になるために必要なことは、「占い師としての価値を高めるのはどうしたらいいか」を徹底的に考えることです。大勢の占い師に埋もれることなく、お客様に「あなたに占ってほしい」と名指しで鑑定の依頼をしてもらうためには、際立った「強み」を作らなくてはいけません。

そのためには、「何でもご相談ください」と不特定多数の人を対象にするのではなく、「誰の、どんな悩みを解決できるのか？」をわかりやすく伝えることが必要不可欠です。鑑定の対象者（占いの見込み客）をできるだけ絞り込み、占い師としての専門を決めた方が、アピール力がアップします。

「対象者を絞り込むと、客が減ってしまうのでは？」と心配する人がいますが、それは誤解です。病院を例にして考えてみましょう。ある日、あなたが大きな火傷をしたとします。その時、どの病院を受診するでしょうか？　内科でも眼科でもなく、皮膚科を受診するはずです。また、「普通の皮膚科」と「火傷跡治療専門の皮膚科」があったら、あなたはどちらを受診しますか？　きっと「火傷跡治療専門の皮膚科」を選ぶはずです。

これは私の体験談ですが、2歳の頃、キッチンに置いてあったホットコーヒー入りのマグカップに手を伸ばし、胸部に大きな火傷を負ってしまいました。直後に救急車で総合病院に搬送されましたが、火傷跡が残ることを心配した母は、私を連れて別の皮膚科に通い始めました。その皮膚科の院長は「火傷跡治療といえば○○先生」というほど有名な医者で、待合室は全国から集まってきた患者で満員。中には飛行機で通院していた人もいたといいます。

このように、医者は専門がハッキリしているほど、患者が増えます。また、同じ症状の治療を専門的に行うので、治療の技術が上がり、情報や知識も蓄積されます。その結果、知名度がアップして評判も高まり、さらに治療を希望する患者が増える……という好循環が生まれるのです。

占い師も同じです。「恋愛占いが得意な占い師」は大勢います。でも、「片想い専門の恋愛占い師」というと、一気に数が絞られてきます。さらに、「これまで1000人の片想いを実らせてきた恋愛占い師」となれば価値が大幅にアップします。その結果、ライバルに差を付けることができるのです。

占い師としての「強み」を見つける方法

では、占い師としての「強み」を見つけ、価値を高めるには、どうすればいいでしょうか。具体的な方法を三つご紹介します。

1　得意な相談から「強み」を見つける

あなたが鑑定をしていて、「これは得意！」「このテーマの相談は私に任せて！」

というテーマがあれば、それを占い師としての「強み」にしましょう。

例えば、「最近、お子さんとの関係に悩むお母さんからの相談が多い。難しいけれど、やりがいがある。鑑定後に『子供との関係が改善しました』という感想をもらうと、うれしいし、励みになる！」という占い師は、それがそのまま「強み」になります。

キャッチコピーに転用すると、「あなたとお子様の性格や相性を占いで読み解き、親子仲を改善します」とアピールすることができます。


得意なテーマをもとに「強み」を見つけることのメリットは、確実にお客様のニーズがあることです。しかも、あなたは鑑定したお客様の年齢、生活環境、家族構成、仕事、趣味……など、詳しい状況がすでにわかっています。そのため、お客様の悩みをリアルに把握することができます。

あなたがこれまでに鑑定したお客様と同じような悩みを抱えている人は、他にもたくさんいるはずです。そのため、「私はこんな鑑定が得意です！」と積極的にアピールすることで、心当たりのある人を引き付けることができます。

2　占い師になった「きっかけ」を思い出す

あなたが占い師になったのには、何か大きな「きっかけ」があったはずです。おそらく、それは人生のターニングポイントとなる衝撃的な経験や、大きな挫折体験だったのではないでしょうか。その「きっかけ」を思い出すことで、あなたは占いで解決できる悩みを明確にし、対象者を絞り込むことができます。それは、あなたの占い師としての「強み」となり、ブランディングの強化につながります。

例えば、「大失恋をきっかけに占いに興味を持ち、占いを学ぶことで自分の性格や恋愛観を見つめ直すことができた。そして、恋愛運がアップする時期を占い、積極的に行動したことがきっかけで、素敵な人と巡り会えた！　その人と結婚して、今はとても幸せ♪」という人が占い師になるなら、「大失恋を乗り越え、新しい恋のチャンスをつかんだ」という「きっかけ」がそのまま占い師としての「強み」になります。

このように、占い師になった「きっかけ」を思い出すことで、「誰の、どんな悩みを解決できるのか」という占い師としての「強み」を見つけることができます。

さらに、この「強み」はキャッチコピーに発展させることもできます。例えば、「大失恋をしたあなたへ。占いで新しい恋のチャンスをつかみ、結婚に導くためのアドバイスをします」というキャッチコピーを付けることで、同じような悩みを持つお客様にアピールできます。

「強み」をキャッチコピーとして使う場合は、少しくらい文が長くなってもＯＫです。無理に短くまとめるよりも、具体的にわかるような表現にした方が効果的です。

3　消去法で決める

占い師としての専門を決め、「強み」を見つけたい場合は、消去法もアリです。例えば、占い鑑定で不倫に関する相談はとても多いですが、あなたが個人的に「私は不倫に反対！　不倫で悩むなんて、時間やエネルギーがもったいない」と思うなら、占い師としてのスタンスも「脱・不倫」で貫きましょう。「不倫から抜け出して、新しい恋のチャンスをつかむお手伝いをします」というキャッチコピーを付ければいいのです。

明らかにお客様が多いとわかっている市場から離れるのは、勇気がいるかもしれません。でも、占い師も人間です。いくらニーズがあっても、あなたが興味を持てないテーマを無理に扱う必要はないのです。

「こんな相談が多いけれど、私のスタンスとは違う」と感じたら、消去法で占い師としての専門を考えてみましょう。そうすることで、苦手なテーマや嫌いなテーマを鑑定する必要がなくなります。好きなテーマや得意なテーマを「強み」としてアピールすれば、あなたと考え方や価値観が似ているお客様を集めることができるでしょう。

占い師としての「強み」を探す際の注意点

占い師としての「強み」を探す場合は、ニーズの有無に注目しましょう。あなたが「私は〇〇専門の占い師です」とアピールしても、「占って欲しい」という人がゼロで、全くニーズがなければ意味がありません。

例えば、「バツイチのシングルマザーが幸せな再婚をするためのアドバイスをします」という場合は、条件に当てはまる人が多くてニーズもありそうです。一方、「バツ3

のシングルマザーが幸せな再婚をするためのアドバイスをします」という場合はどうでしょうか。世の中で3回離婚を経験した人は、それほど多くありません。そのため、該当者はごく少数となり、占いのニーズもない、ということになります。

占い師としての「強み」を決める際は、「実際にどれくらい鑑定を希望する人がいるのか？」を念頭に置き、ニーズの有無を探ってみましょう。

また、あなたが占い師になった「きっかけ」を占い師としての「強み」に転用する場合も、注意が必要です。その「きっかけ」が大きな挫折体験だった場合、あなたが現段階でそれを乗り越えていることが大前提です。もしあなたが何らかの挫折体験をきっかけに占いに興味を持ち、占い師の仕事を始めたのであれば、それに伴う心の傷や嫌な思い出を消化していることが重要です。

たとえ完全に乗り越えていないとしても、自分の心の中で、ある程度、折り合いを付けておく必要があります。それができていない場合、鑑定でお客様の悩みを聞いているうちに、占い師であるあなた自身がダメージを受けてしまう可能性があります。鑑定中に心の古傷がうずいたり、過去の嫌な思い出がよみがえったりしては、占い師としてまともな仕事ができません。占い師としての「強み」を決める時は、挫折体験に伴う心の傷を乗り越えているかどうかを冷静に判断しましょう。

02

★★

稼げる占い師は、ライバルに勝てる部分を探す

稼げない占い師は、オンリーワンを目指す

ダメな例

▼「西洋占星術とハワイアン・ヒーリングを組み合わせたオリジナルのメソッドであなたを開運に導きます」

「占い師としての価値を高めてブランディングを強化すること」と「世間のニーズをつかむこと」はどちらも大事なポイントで、両方実現することが重要です。占い師本人が「オリジナル」や「オンリーワン」を強調しても、他の人達にはいまいちピンときません。「オリジナルのメソッド」がどんなものかよくわからないので、それに魅力を感じることはないでしょう。

占い師としてあなたにライバルが一人もいないなら、それは唯一無二というより「独りよがり」な状態です。誰にも注目してもらえず、ニーズがない占い師だということです。

一方、あなたにライバルがいる状況なら、集客に有利です。ライバルの鑑定を受けて不満を感じたお客様が、あなたに乗り換えてくれる可能性があるからです。そうすれば、少ない手間で相談依頼が入るので、スムーズに稼ぐことができます。

では、ライバルに勝つには、どうすればいいでしょうか？　最も有効なのは、前の項目で紹介した「占い師としての『強み』を見つける方法」を実践することです。また、次の項目で紹介する「ポジショニングマップ」も参考になるでしょう。

稼げる占い師になるためには、「オンリーワン」を強調して自己満足に浸るのではなく、占い師としての自分の立ち位置を客観的に確認し、ライバルとの違いを分析することが重要です。

「自分はライバルとどこが似ていて、どこが違うのか」「ライバルの弱点はどこか」「ライバルに隙はないか」など、徹底的に分析するところから始めましょう。そして、「自分がライバルに勝てる部分」を見つけたら、実際にやってみることが大切です。それを続けることで、ライバルに差を付けることができ、収入アップにつながるでしょう。

03

★★

稼げる占い師は、独自のポジションを築く

稼げない占い師は、人気占い師のマネをする

ダメな例

▼「雑誌によく出ている占い師の〇〇さんってステキ！　私もマネしてみよう」
▼「最近『星読み』が人気だから、私も肩書きを『星読み占い師』に変えよう」

稼げない占い師に多い行動パターンとして、「人気占い師に憧れてそのマネをする」ということがあります。でも、単に人気占い師のマネをするだけでは本家の「劣化版コピー」にしかなれません。それよりも、「この占い師はなぜ人気なのか？」を徹底的に研究・分析した上でマネできそうなポイントを厳選し、自分の占い師活動に取り入れることが重要です。

稼げる占い師になるためのヒントは、ポジショニングマップを使うと見つかります。ポジショニングマップとは、あなたとライバル占い師の違いをハッキリさせ、どのようなポイントでお客様にアピールできるかを考える指標です。ポジショニングマップを使うことで、占い業界で自分がナンバーワンの地位を築き、有利な立ち位置を取るためのヒントがわかります。

なお、あなたが占い講師の場合、ポジショニングマップは、自分の占い講座がライバルの講座とどんな違いがあり、どのような優位性で受講生に選んでもらえるかを考える指標となります。

ポジショニングマップを作る時に重視したいポイントは、「お客様がどう感じているか」です。他の占い師と比較されても、お客様に「あなたが一番！」と思ってもらえたら大成功。占い師として独自のポジションを築けたことになります。

逆に、お客様があなたのことをライバル占い師と同じように感じているなら失敗です。

ポジショニングマップは「縦」と「横」の二つの軸で構成されます。縦と横の軸は何を設定するのか、特にルールはありません。この図（図1）では縦軸を「価格（鑑定料)」、横軸を「癒やし／励まし」で示しましたが、軸の組み合わせは無数にあります。軸の他の案としては、「スピード鑑定／じっくり鑑定」「権威的／フレンドリー」「フォーマル／カジュアル」などがあります。

ポジショニングマップを作ったら、あなたと共通点の多いライバルを調べ、「この占い師はこのあたりかな？」という感じで埋めていきましょう。

初めてポジショニングを考える時は、「占い館に所属している占い師」「電話占いに所属している占い師」「個人鑑定をしている占い師」「占いライター」など、あなたの働き方と同じカテゴリーで考え

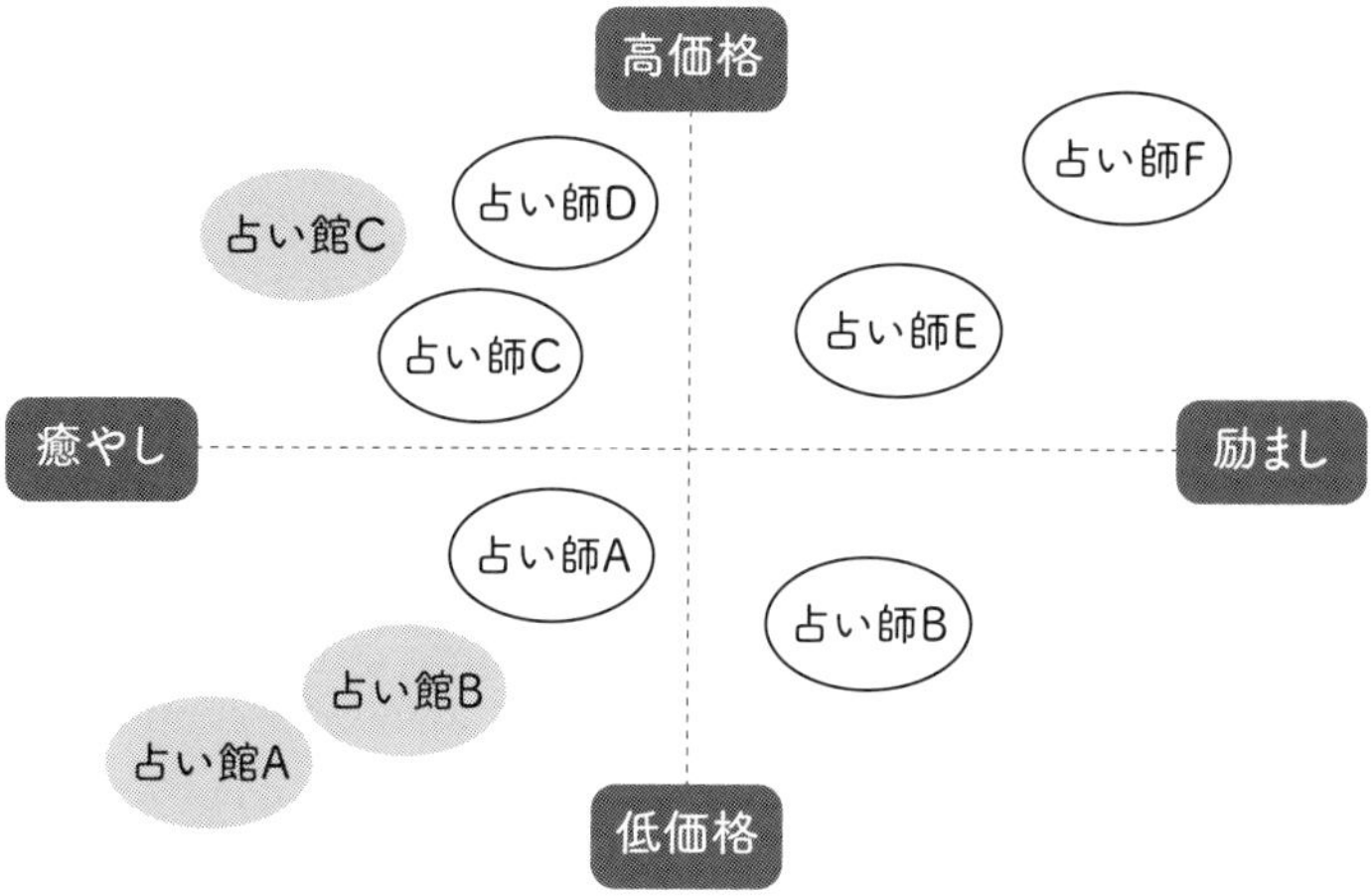

図1

るといいでしょう。

また、自分のポジションを考える時は、必ずしも「誰もいない場所」を探す必要はありません。もしあなたが目指すポジションに別の占い師がいても、そこを避けなくてもいいのです。その相手をライバルとして徹底的に研究し、欠点や不足しているポイントを見つけることで、あなたが優位に立てる可能性があるからです。

例えば、あなたがこのポジショニングマップ（図1）の左上、「高価格／癒やし」の部分にいるとします。同じ場所にライバルがいても、その占い師が対面鑑定しかやっていないなら、あなたは電話鑑定やオンライン鑑定を導入することで差を付けることができます。また、ライバルが平日しか鑑定していないなら、あなたは週末の鑑定予約を受け付けることで、ライバルの不足点を補うことができます。

ライバルがやっていない鑑定方法、場所、時間帯などを導入することで、同じポジションでも優位に立つことができるのです。

04

★

稼げる占い師は、流行をうまく取り入れる

稼げない占い師は、流行に振り回される

ダメな例

▼流行の占術を次々と鑑定メニューに追加する
▼新しい占術をすぐに試してみるけれど、鑑定で使えない

占いの世界には流行があります。最近では手相、ルノルマンカード、数秘術などがブームで、実際に鑑定で使う占い師も増えています。稼げる占い師は流行をうまく取り入れますが、稼げない占い師は流行に振り回されます。そして、占い業界の流行を次々に追いかけた結果、占い師としてのアイデンティティを失ってしまいます。

例えば、私が電話占い師としてデビューした当時、スピリチュアル系の占いが流行していました。「こうすると幸せになれる！」と断言する占い師よりも、お客様の悩みをじっくり聞いて優しく癒やす占い師が人気だったのです。

私は「自分がどんな占い師になりたいのか？」と考えた時、「上から目線で説教す

るお叱り系占い師」は論外でしたが、「癒やし系の占い師」になる自信もありませんでした。

というのも、私はこのような実用書を書いているところからもおわかりの通り、情緒より理論を重視するタイプの占い師だからです。良くいえばロジカル、悪くいえば理屈っぽくてビジネスライクな感じです。

「電話占い師として成功するには、スピリチュアルな雰囲気とお客様を癒やす力が必要。でも、私には無理！」と悩んだ末に私が出した結論は「お客様を励ます占い師になろう」。お客様の心を優しく包み込むことはできない代わりに、お客様を励まして元気づけるような占い師を目指しました。

私が電話占いの自己紹介ページで「あなたを励まします！」と宣言したので、結果的に「癒やし」を売りにしている占い師と差を付けることができました。そして、鑑定依頼をしてくださるお客様も「この悩みを解決して前に進むには、どうすればいいか？」という意欲的な方が多くなりました。

プロの占い師として「今の占い業界ではこんな流行や風潮がある」ということを知っ

ておくことは大切ですが、決してそのすべてを取り入れる必要はありません。もちろん、流行に振り回されてもいけません。占い師としての自分のキャラクターを考慮しつつ、それが必要かどうか吟味した上で、上手に流行を取り入れるといいでしょう。

05
★★

稼げる占い師は、
集客の手段としてSNSを
戦略的に運用する

稼げない占い師は、
SNSを更新することが
目的になる

ダメな例
▼SNSのフォロワーは多ければ多い方がよいと信じている
▼異業種交流会で会った人を、片っ端からFacebookでフォローする

SNSは最強のマーケティングツールで、うまく使えば大きな集客効果があります。ただ、占いに興味がない人とSNSでつながっても、あまり意味がありません。SNSを使う時は、鑑定依頼をしてくれる可能性が高い「見込み客」とつながることを意識しましょう。

最も有効な方法は、ハッシュタグ（#）を利用することです。アメーバブログ、Instagram、Twitterで「占い」に関連が深いキーワードのハッシュタグ（#）をチェックし、投稿している人に積極的に「いいね」をしたり、フォローしたりしましょう。

「プル型」と「プッシュ型」の違いを理解する

稼げる占い師になるためのツールとしてＳＮＳを効果的に運用するには、それぞれの特性を理解することが必要です。ＳＮＳをマーケティングツールとして考える時、「プル型」と「プッシュ型」の2種類に分けることができます。

「プル型ツール」の代表はブログ、Ｆａｃｅｂｏｏｋ、Ｔｗｉｔｔｅｒ、Ｉｎｓｔａｇｒａｍ、ＹｏｕＴｕｂｅなどのＳＮＳです。誰でも見ることができるオープンな情報を発信し、自分に興味を持ってもらうきっかけを作るためのものです。双方向性のあるコミュニケーションができるというメリットがありますが、フォロワーが自発的にＳＮＳを見てくれない限り、こちらが発信した情報は届かないというデメリットがあります。

一方、「プッシュ型ツール」の代表はメールマガジンとＬＩＮＥ公式アカウントです。登録者だけ見ることができる特別な情報を発信し、親密度を高め、信頼感を育むためのものです。ＳＮＳとの大きな違いは、強い興味や関心を持って登録してくれた人に対し、こちらが発信したいタイミングで情報を届けることができるという点です。

「プル型ツール」から「プッシュ型ツール」へ移行する

ここで重要なポイントは「プル型ツール」でお客様を引き寄せ、「プッシュ型ツール」で実際に売るという仕組みを作ることです。最初は「プル型ツール」のSNSでお客様の知りたい情報を発信し、興味を持ってもらうところからスタートします。そして、SNSのフォロワーに「プッシュ型ツール」のメールマガジンやLINE公式アカウントなどへの登録を促します。

具体的には、「SNSで見込み客を集める→メールマガジンやLINE公式アカウント登録へ誘導→メールマガジンやLINE公式アカウントで情報発信→鑑定や講座を案内する」という仕組みを作ります。（図2）

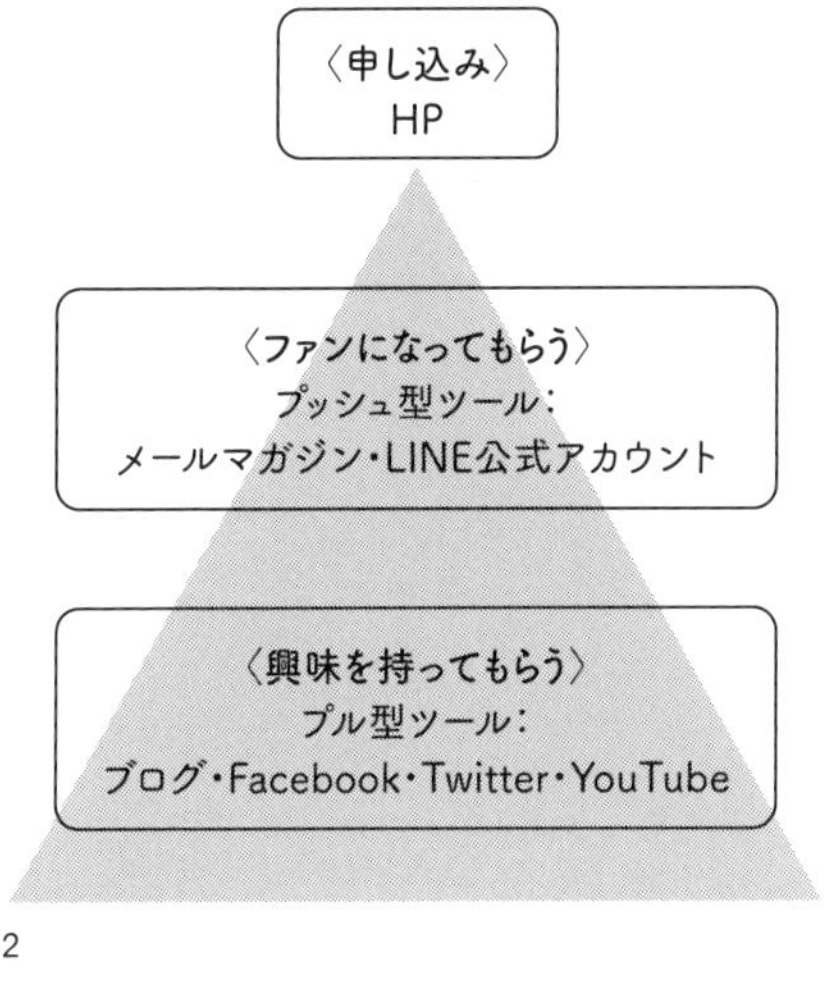

図2

「プッシュ型ツール」を上手に運用するコツ

「プッシュ型ツール」の長所は、時間をかけて読者と良好な関係を築くことで信頼感が生まれ、読者がファンになってくれるという点です。メールマガジンやＬＩＮＥ公式アカウントを通じてコツコツとファンを集めれば、あなたの鑑定や講座に興味を持ってくれる人達にピンポイントでアピールすることができます。

それは逆に考えると、「プッシュ型ツール」の効果が出るまでに時間がかかるということでもあります。そのため、最初から「メールマガジンの読者登録1万人を目指そう！」「今月はＬＩＮＥ公式アカウントで友だちを2倍に増やそう！」と張り切り過ぎると、すぐに息切れしてしまいます。それよりも、ゆっくりでも無理のないペースで地道に続ける方がベターです。

なかなか読者や友達が増えないと焦ってしまいがちですが、「プッシュ型ツール」を上手に運用するコツは「ゆる〜く、長〜く続ける」こと。じっくり腰を据えて、気長に取り組みましょう。

■「プッシュ型ツール」を選ぶ時のポイント

ＬＩＮＥ公式アカウントはスマートフォンで気軽に使えるので「メールマガジンより開封率が高い」という利点があります。ただ、ＬＩＮＥ公式アカウントには「運営者が顧客情報を所有できない」という大きな問題点があります。この場合、顧客情報とはお客様のＬＩＮＥ　ＩＤリストです。手間や時間をかけて集めた顧客情報は財産です。どんなにたくさんの人と「友達」になっても、もし、ＬＩＮＥ公式アカウントのサービスが終了してしまったら、財産である顧客情報をすべて失ってしまいます。

一方、メールマガジンなら、顧客情報をメールアドレスで取得できます。読者のメールアドレスを自分で確認・所有することができるメール配信システムを使えば、もし、そのサービスが終了してしまっても、財産である顧客情報（お客様のメールアドレス）は手元に残ります。

あなたが時間や資金に余裕があるなら、ＬＩＮＥ公式アカウントとメールマガジンを両方運用するといいでしょう。どちらか一つを運用する場合は、それぞれの特性をよく考えた上で、自分に合う方を選びましょう。

06

★★

稼げる占い師は、個人客と法人客を対象にする

稼げない占い師は、個人客だけを対象にする

ダメな例

▼「私は目の前のお客様を大切にしたいから、個人鑑定だけやる」
▼「占い師の仕事といえば、占い館での対面鑑定か電話占い鑑定」

稼げる占い師は、個人客だけでなく法人のクライアントとも仕事をします。法人相手の仕事は比較的規模が大きく、報酬も多い点が魅力的です。

稼げる占い師になるためには、「こんなお客様でなければならない」というこだわりや思い込みを捨てることが必要です。

ビジネスには、個人客向けビジネスと法人客向けビジネスがあります。占い師の仕事に当てはめると、個人客向けビジネスの代表的なものは個人鑑定です。そして、法人客向けビジネスは主に2種類に分けられます。イベントで占い鑑定をする仕事と、各種メディアへ占い原稿を提供する仕事です。

イベントで占い鑑定をする仕事の場合、主な取引先はイベント企画会社や広告代理店ですが、企業から直接依頼を受けることもあります。例えば、企業の周年記念パーティーや顧客サービスイベントなどに占い師を呼ぶ場合です。その場合は、依頼主である企業と直接仕事の契約をすることになります。

「占いは女性に人気」というパブリックイメージが強いため、女性向けの商品を扱う企業からの仕事依頼は特に多いです。具体的には、化粧品会社、エステ会社、アパレル会社、アクセサリー会社、ショッピングモール運営会社、女性誌の出版社などです。

また、女性が購入の鍵を握る商品やサービスを扱っている企業、例えば、生命保険会社、住宅販売会社、自動車販売会社、ブライダル会社なども、集客のために占いを利用することがあります。

珍しいところでは、大学から仕事の依頼がくることもあります。学園祭で占いの鑑定ブースを出すケースです。この場合、占い師の取引先は企業ではなく、大学を経営する学校法人になります。

各種メディアに占い原稿を提供する仕事の場合、対象は新聞、雑誌、フリーペーパー、会報誌、Ｗｅｂサイト、スマートフォンアプリなど多岐に渡ります。主な取引先は広告代理店、編集プロダクション、Ｗｅｂ制作会社などですが、企業から直接依頼がくることもあります。

私が以前依頼された家電メーカーの仕事では、美容家電の新製品発売キャンペーン用Ｗｅｂサイトに「ビューティー占い」を提供しました。また、お菓子のパッケージや通信販売のお得意様向けＤＭに掲載する占い原稿を提供したこともあります。法人が手掛ける商品やサービスは展開する規模が大きくて利用者数も多いので、占い師としての知名度アップにつながります。

このように、稼げる占い師は個人のお客様だけでなく法人のクライアントと取り引きすることで、意識的に仕事の幅を広げ、仕事の規模を拡大しています。スケールが大きいプロジェクトになると大変ですが、それだけ報酬額も大きくなるので、収入アップを見込めます。また、法人の担当者と良い関係を築けると継続的に仕事を依頼してもらえるので、営業の面でも有利です。

大きな企業や知名度の高い企業と仕事をした実績があると、プロフィールが充実し、占い師としての信用度も上がります。ただし、プロフィールに仕事の実績を掲載する際は、必ず依頼主の了解を得るようにしましょう。

第2章

稼げる占い師になるために必要なブランディング力

01
★★

稼げる占い師は、最初は実績作りにこだわる

稼げない占い師は、最初からブランド作りにこだわる

ダメな例

▼「私にはふさわしくない」と決めつけて、仕事の依頼を断る
▼「おしゃれな占い師になりたいから、カッコいい仕事だけする」

占い師としての経験をある程度積んだ後なら、気に入らない仕事や報酬が少ない仕事を断ってもいいでしょう。ただ、占い師としてのキャリアが浅いうちは、様々な占い仕事の現場を経験することが重要です。仕事の実績・経験値が多いほど、稼ぐチャンスも増えていきます。

稼げない占い師は「自分を安売りしてはいけない」と考えて、実績を積むチャンスを逃してしまいます。例えば、「ハイブランドのパーティーで鑑定する仕事はやりたいけれど、ショッピングモールの片隅で鑑定するのは嫌」「有名な雑誌で占いの連載を持ちたいけれど、フリーペーパーならやりたくない」など、自分で勝手に仕事の優

劣を付けてしまう状態です。

稼げる占い師になるためにはブランディングが重要です。ただ、占い師としての経験が浅い場合は、まず仕事の実績を積むことを優先しましょう。

もしあなたが占い師に相談するなら、「鑑定歴10年で鑑定人数１００人の占い師」と「鑑定歴3年で鑑定人数千人の占い師」、どちらに占ってほしいでしょうか？　当然、「鑑定歴3年で鑑定人数千人の占い師」を選ぶと思います。「短期間でそれだけの実績を上げられるのは、きっと人気や実力があるからだろう」と好印象を抱くからです。

また、占い師としての実績が少ないと、実際に鑑定を依頼された時にまともな鑑定ができないおそれがあります。

占い鑑定の現場には、様々なご相談が持ち込まれます。鑑定中にお客様がネガティブな反応をしたり、泣いてしまったりした時に、場慣れしていない占い師だと十分な対応ができません。すると、お客様から「この占い師、大丈夫かな？」と思われ、信頼を失ってしまいます。お客様に不安を与える占い師は鑑定依頼をリピートされることも、クチコミで評判が広がることもないでしょう。どんなご相談でも安定して鑑定できるようになるには、豊富な経験を積み重ねることが必要なのです。

占い師になったばかりの頃は、条件が良くない仕事や自分の希望とかけ離れた仕事を頼まれることもあるでしょう。そんな時、絶対にやりたくない内容の仕事や、どうしてもできない仕事は、無理して引き受ける必要はありません。ただ、何事も経験です。稼げる占い師になるための地固めとして、最初のうちは仕事を選り好みせずに実績を作ることをオススメします。

「ギャランティが安い仕事を引き受けてしまうと、占い師としてのブランドにマイナスになってしまう」と心配になる人もいるでしょう。ですが、大した実績のない状態では、理想的なブランディングができません。経験を積むごとに占い師としてのブランドを軌道修正し、自分が望む条件が通るように交渉すればいいのです。

特に、社会的信用がある大きな企業や知名度の高いメディアの仕事は、報酬にこだわらず積極的に引き受けるといいでしょう。その実績が占い師としての信用を生み、ブランディング力の向上や営業力の強化につながります。

占い師を始めたばかりの人や仕事がなかなか増えない人は、まずは仕事を幅広く引き受けるようにしましょう。一つひとつ結果を積み重ねていけば、条件の良い仕事や積極的にやりたいと思う仕事のオファーが来るようになります。また、色々な仕事をやってみることで、新しい得意分野が見つかる可能性もあります。

私は起業したばかりの時、「仕事の依頼はすべて受けよう」と決意しました。もちろん、反社会的な仕事や公序良俗に反する仕事は断ります。ただし、仕事の内容や報酬などの条件が悪くても、気にせず引き受けることにしたのです。

そんな時、ある広告会社がフリーペーパーに掲載する「今月の星占い」の原稿を依頼してくれました。「担当の占い師が病気で辞めることになったので、引き継いでほしい」という、いわばピンチヒッターです。原稿料はそれほど高くありませんでしたが、私は仕事の実績を増やしたかったので、喜んで引き受けました。

ありがたいことに、その後、同じ広告会社から続けて新しい原稿依頼をもらい、仕事の幅が広がっていきました。

小さな仕事が時間をかけて大きな仕事につながっていく様子は、種まきに似ています。せっせと種をまいて水をやれば、そこに花が咲いて実るのです。

稼げる占い師になりたいなら、最初は自分の仕事の可能性をできるだけ広げるようにしましょう。続けているうちに自分がやるべき仕事、やらなくてもいい仕事がハッキリしてきます。そのため、最初は毛嫌いせず、色々な仕事にチャレンジしましょう。その方が占いの仕事の幅が広がり、長い目で見ると有利になります。

02

★

稼げる占い師は、
得意な占術を極める

稼げない占い師は、
手当たり次第に占術を増やす

ダメな例

▼プロフィールに自分ができる占術や取得した資格をズラリと並べる
▼「西洋占星術だけじゃなく、四柱推命や九星気学などの東洋系も勉強しなきゃ」
▼「ご相談内容によって複数の占術を使い分けています」
▼「タロットで占うのは難しいから、オラクルカードを使ってみよう」

稼げる占い師は、「これでどんなことでも占える！」と自信を持てる、得意の占術があります。得意の占術で何度も繰り返し鑑定しているので、どんどん知識と技術が磨かれて、占術を極めることができます。

一方、稼げない占い師は、得意の占術がないばかりか、手当たり次第に占術を増やします。例えば、プロフィールで次のような取得資格一覧を紹介している占い師がいるとします。（図3）

一見すると凄そうな印象を受けますが、お客様を引き付ける力はありません。なぜなら、お客様にとってズラリと並んだ占術の名前は、よくわからない情報だからです。

また、「多くの占術を使いこなす占い師は知識が豊富だから、信頼されるはず」「一度にたくさんの占いを体験できる方が、お得感があるでしょ？」というのは、占い師の自己満足です。あれこれ手を出してしまうと、どの占術も中途半端になってしまいます。

稼げる占い師になるために必要な条件

- ○○学会認定心理士
- ○○式数秘術カウンセラー
- ○○流レイキマスター
- ○○式手相術マスター
- ホロスコープスペシャリスト
- タロットメッセンジャー
- パワーストーンアドバイザー
- 開運風水アドバイザー
- カラーセラピスト
- ハーブセラピスト

図3

は、「色々な占いができること」ではなく「お客様の悩みを解決できること」です。手当たり次第に占術を増やすより、一つの占術を徹底的にマスターしましょう。その方が時間もお金もムダにならず、鑑定技術を磨くことができます。

よく「占い師として仕事をするなら、命卜相《めいぼくそう》をマスターしよう」と言われます。命術、卜術、相術はそれぞれ特徴が異なるので、例えば西洋占星術（命術）とタロットカード（卜術）と手相（相術）を使って鑑定するというのは理にかなっています。しかし、一回の鑑定で「恋愛運は西洋占星術、仕事運は四柱推命」「元彼の気持ちをタロットカードで占って、現在の彼の気持ちをルーンで占う」など、複数の占術を使い分ける必要はありません。

私の場合、命術は西洋占星術をメインに使っています。西洋占星術では、相談者の生年月日時と生まれた場所を基にホロスコープを作成します。経験者ならご存知の通り、基本の10惑星が位置するサインとハウス、惑星同士のアスペクトを読むだけでも膨大な情報量です。

西洋占星術で占うと、お客様が求めている情報がすべてわかるので、他の命術を使う必要がありません。「西洋占星術を使えば、運気の低迷期や上昇期、人生のターニングポイントや活動開始のベストタイミングなどを確実に鑑定できる」という安心感と信頼感があります。

これは西洋占星術に限ったことではありません。四柱推命、九星気学、算命学、紫微斗数……などの命術をマスターすれば、時期的なことに関しては満足な鑑定ができるはずです。

長い歴史がある占術は、大勢の人が納得できる鑑定結果を出し続けてきた「使える占い」です。占い師の先輩達が長年積み重ねてきた知識と技術があるのですから、それを学んで生かさない手はありません。

もしあなたが「この占術だけではうまく占えないから、別の占術と組み合わせて鑑定を乗り切ろう」「色々な占術を使った方が、お客様の満足度も上がるよね」という理由で複数の占術を使っているなら、今すぐ鑑定で使う占術の数を絞りましょう。命ト相一つずつ、合計3種類あれば十分です。あれこれ浮気をせず、「これ！」と決めた占術を徹底的にマスターすることをオススメします。

大切なポイントなので繰り返しますが、稼げる占い師になるために必要な条件は、「色々な占いができること」ではなく「お客様の悩みを解決できること」です。

稼げる占い師は、「私は占いであなたの悩みを解決できます」と胸を張ってアピールします。そのためには、お客様が「この占い師なら私の相談に乗ってくれて、私の悩みを解決してくれる」と確信するような証拠をプロフィールで示すことが必要です。

例えば、「数秘術・手相術・タロットを使ってあなたの運命を読み解き、レイキとカラーセラピーで癒やします」というより、「鑑定歴10年の恋愛専門占い師・タロットカードであなたの片想いを両想いに導きます」というプロフィールの方が、説得力があります。

稼げる占い師になるために、得意な占術の知識と技術に磨きをかけましょう。そして、鑑定で使う占術を厳選し、お客様に信頼されるような内容のプロフィールを練り上げましょう。

03 ★

稼げる占い師は、戦略的に占い師ネームを付ける

稼げない占い師は、自分が好きな占い師ネームを付ける

ダメな例

▼「フランス語を使っておしゃれな占い師ネームを考えよう」
▼「私の占い師ネームは画数が最高！」

稼げる占い師が戦略的に占い師ネームを付ける一方、稼げない占い師は「自分が好きな占い師ネーム」を付けます。大きな違いは「お客様目線で考えているか」です。占い師ネームを決める上で重要なポイントは、以下の四つです。

占い師ネーム

- 読みやすい
- 書きやすい
- 覚えやすい
- かぶらない

簡単に読めない名前や書けない名前は避け、誰もが呼びやすくて覚えやすい名前を付けることが重要です。

また、占い師ネームを付ける時は、同じ名前や似ている名前の人がいないか、インターネットで検索して調べておきましょう。オリジナリティの高い活動名を付けることは、SEO対策にも効果的です。あなたの占い師ネームをYahoo!やGoogleなどの検索エンジンで検索した時に、一番上に表示されることが重要です。

さらに、占い師ネームは頻繁に変えないこと。占い師ネームを変えた時点で、それまでの活動実績がリセットされてしまいます。同じ占い師ネームを名乗り続けるほど、占い師としてのブランディングが強化されるのです。そのため、一度決めた占い師ネームを大切に使い続けるようにしましょう。

自分の占いサロンや鑑定ルームをオープンする場合、サロン名や屋号が必要になりますが、その場合も考え方は一緒です。凝った名前を付けたい人は「私は西洋占星術が専門だから、サロン名はフランス語で『星』にしよう。それとも、イタリア語の方がいいかな？」という発想になりがちです。ただ、外国語を使った名前は「読みにくい、書きにくい、覚えにくい、かぶりやすい」の四重苦。他の占い師の名前とかぶる可能性が高いだけでなく、他の業種とかぶるおそれもあます。特に、レストラン、洋菓子店、美容室の店名とかぶる傾向があるので、注意しましょう。

番外編：占い師ネームを商標登録しよう

ここで、私が自分の占い師ネーム（伊藤マーリン）を商標登録した時のエピソードをご紹介します。きっかけは「伊藤マーリン」と名乗る占い師がもう一人現れたことです。

ある時、アストロカード®講座の受講生が「先生とは別人の伊藤マーリンがいますよ」といって、あるブログを教えてくれました。ブログ主の名前は「伊藤マーリン」。表記も読み方も私と同じです。ややこしいので、その方のことを以下、「伊藤マーリン2」と表記します。

「伊藤マーリン2」がブログを開設したのは、私が彼女のことを知った数か月前。プロフィールやブログ記事によると、都内でキャンドル瞑想の講座を開講しているようです。詳しい事情を知りたいと思い、ブログ経由でメッセージを送りました。ところが、返信は一切なし。あらためて、「伊藤マーリン2」のHPの連絡先宛に次のメールを送りました。

MAIL

伊藤マーリン様

はじめまして。占術家・伊藤マーリンと申します。2月頭にブログからメッセージを送りましたが、お返事がないので、こちらのメールからもあらためてご連絡いたします。

私はアストロカード®講座や占い・心理テストの原稿執筆などをしております。先日、偶然伊藤様のブログを見つけ、同じ名前だったのでとても驚きました。

私はもうずいぶん長く「伊藤マーリン」の名前で活動を続けており、2012年には『ザ・トート・タロット』という本も出版しています。

また、現在Yahoo!やGoogleなどで「伊藤マーリン」を検索すると私の情報ばかりなので、伊藤様のブランディング面でも有益ではないと感じます。

さらに、伊藤様とは「占い・スピリチュアル」と活動分野も似ていますので、今後お客様（取引先や受講生など）が混乱し、双方の活動に支障が出る可能性もあります。

以上、危惧する点が複数ありましたので、ご連絡いたしました。伊藤様のご意見をいただけると幸いです。

「伊藤マーリン2」からの返信を待つ間、私は商標について色々調べてみました。

そこで、先願主義という制度があることを知りました。先願主義とは「同じ商標を使っている人が二人いた場合、どちらが先に使っていたかに関係なく、先に特許庁に出願した人（出願日が早い方）が商標権を持つ」ということです。

最悪の場合、「伊藤マーリン2」が「伊藤マーリン」という名称を商標登録してしまったら、私は今の占い師ネームを使えなくなってしまいます。そうなれば、かなり困った事態です。

身近な人達に相談すると、「そんなの放っておけば？」という意見が多く、私自身も「大げさなことはしたくないな……」というのが本音でした。ただ、まったく返信をくれない「伊藤マーリン2」への不信感が募り、商標登録をすることにしました。

商標登録は特許庁で行います。費用は条件によって変わりますが、1区分で出願する場合、出願印紙代、電子化手数料、登録印紙代（一括納付）の合計は4万2100円です。これで10年間はその商標権が保護されます。

出願手続きは自分でできます。規定の書類に必要事項を記入して郵送で出願する他、特許庁に直接行って出願する方法もあります。自分で出願するのが面倒な人や自信がない人は、弁理士に依頼しましょう。手数料を払う必要がありますが、早くて確実です。

どちらにしても、出願申請から正式に商標登録されるまで1年近くかかるので、検討中の人は早めに手続きを開始しましょう。

「伊藤マーリン」の商標は出願してから約1年後、正式に登録されました。その間、「伊藤マーリン2」からの連絡はなく、HPやブログやSNSは開設したままでした。仕方がないので、「伊藤マーリン2」のHPに掲載されている住所宛に「商標権侵害に基づく警告書」を送付しました。

その後、いつの間にか「伊藤マーリン2」のHPやブログは消えました。最後まで本人とコミュニケーションを取れなかったので、私の完全な一人相撲です。けっこう疲れた上に、時間もお金もかかりましたが、自分の占い師ネームを商標登録したことは貴重な経験で、とてもいい勉強になりました。あらためて「伊藤マーリン」という名前に愛着が湧き、大切に使おうという気持ちになったのもよかったです。

稼げる占い師を目指すなら、自分の占い師ネームは貴重な財産になります。「この占い師ネームを長く使い続けたい」「大々的に名前をアピールしたい！」という方は、商標登録を考えてみてください。やるなら今すぐ、早めの行動をオススメします。

04 ★

稼げる占い師は、
わかりやすい肩書き・キャッチコピーを付ける

稼げない占い師は、
自分が好きな肩書き・キャッチコピーを付ける

ダメな肩書きの例

▼「フォーチュン・コンサルタント」「しあわせの種発見アドバイザー」「心のリフォームセラピスト」「開運コミュニケーター」

ダメなキャッチコピーの例

▼「星とアロマでハッピーライフをクリエイト☆彡」「自分を満たして幸せを引き寄せる」「本当の自分を見つけるサポーター」「夢実現★スピリチュアルセラピー」

これは占い師ネームの場合と同じです。稼げる占い師と稼げない占い師の大きな違いは「お客様目線で考えているか」です。

「他の占い師より目立つ存在にならなくては」と思い込んで、自分にオリジナルの肩書きやキャッチコピーをつける人がいます。確かに珍しいかもしれませんが、「それがいったい何なのか？」が伝わらなければ、鑑定依頼が来ることもなく、収入にもつながりません。なぜなら、人はよくわからないものにお金を払わないからです。稼げる占い師になるためには、「誰の、どんな悩みを解決できるのか？」がきちんとと伝わる肩書き・キャッチコピーを付けることが必要不可欠です。

占い師のキャッチコピーによく使われる言葉として「夢を叶える」「本当の自分」「私らしく」「自分を輝かせる」「あなたの使命」などがあります。どれもなんとなくステキな響きですが、実際はとても漠然とした表現で、曖昧《あいまい》な印象です。

例えば、「夢」という言葉には様々な意味があり、「夢」と聞いて抱くイメージは人によって異なります。「本当の自分」や「私らしく」とは具体的に何を指すのか。「あなたが輝く」とはいったいどういう状態なのか。

それぞれの言葉をきちんと定義して、お客様にわかりやすく伝える必要があります。

さらに、占い師としてわかりやすい肩書き・キャッチコピーを付けたとしても、そこにニーズがなければ意味がありません。

占い師の肩書き・キャッチコピーを付ける時は、「それを求めている人はいるのか？」「それを求めている人に伝わるか？」を徹底的に考えましょう。

05

★

稼げる占い師は、**自分の情報をオープン**にする

稼げない占い師は、顔や居場所を秘密にする

ダメな例

▼「ミステリアスな雰囲気を出したいから、プロフィール写真を公開しない」
▼「鑑定場所は、お申し込みいただいた方にだけお伝えします」

占い師の中には「自分の顔を出したくない」という人もいるでしょう。もちろん、顔を出さなくても継続的に鑑定依頼が来る占い師もいます。しかし、実際は「顔を出している占い師」より不利です。なぜなら、顔がわからない占い師は、お客様に信頼してもらえないからです。

場所も同じです。よく占いの鑑定や講座の案内に「都内某所」「鑑定場所はお申し込みいただいた方だけにご連絡します」などと書いてあるのを目にしますが、それではお客様に不審な印象を与えます。

特に、鑑定の場合はお客様の詳しい個人情報（生年月日時や生まれた場所など）を教えていただく必要があるので、信頼感がとても大切です。ただでさえ占いは怪しいイメージがあるのに、占い師が顔や場所を明かさなければ、さらに印象が悪くなります。

占い師が顔や居場所を公表していないと、お客様は「この占い師は実態がないのでは？」「何かやましいことがあるのでは？」というネガティブな印象を持つでしょう。そのため、占いの仕事で稼げるようになるには、占い師として基本的な情報をきちんと開示することが必要不可欠です。

占い師が自分の顔や居場所を秘密にするのは、完全な自己都合です。秘密にしたい理由としては、「ルックスに自信がないし、恥ずかしいから顔を出したくない」というネガティブな思い込みや、「家族や職場の同僚に内緒で占いの仕事をしている」「自宅住所は個人情報だから公開したくない」「レンタルスペースの決まりでオープンに住所を表示できない」という個人的な事情が多いでしょう。

そのような占い師は、コソコソしている時点で「占いの仕事で稼ごう！」という意欲にブレーキがかかっています。占いの仕事に全力投球できないので、思うように稼ぐことができません。

また、実務面でプロフィール写真が必要になることもあります。例えば、占い館や電話占いに登録する場合、必ず顔写真の提出を求められます。さらに、自分のＨＰで有料鑑定を案内する場合は、特定商取引法が適用されます。責任者の名前と連絡先、商品やサービスの金額などを表示する義務があるので、基本的な情報の公開は必須です。

なお、「どうしても顔を出したくない」という場合は、ヘアアクセサリー、帽子、ウィッグ、メガネなどの小物で雰囲気を変える、普段とは違うメイクをする、プロフィール写真を撮る時に正面から視線を外す……など、上手に演出を加えて素顔をカムフラージュするといいでしょう。住所に関しては、レンタルアドレスを利用しましょう。

地名を使ったブランディングは効果的

あなたが対面鑑定をしている場合、キャッチコピーに適切な地名を入れることは、効果的なブランディングにつながります。地名入りの占い師ネームとしては「新宿の母」「原宿の母」「銀座の母」などが有名で、今では全国に無数の「〇〇の母」と名乗る占い師がいます。

「〇〇の母」に限らず、あなたが活動拠点としている地名をキャッチフレーズに入れるとブランディングに有利です。ただし、その名称が既に商標登録されている場合は無断で使用できないので、事前に調べておきましょう。

地名を使ったブランディングの注意点

ダメな例

▼「【東京・埼玉】西洋占星術×タロットで貴方の人生をより豊かに導きます！」

▼「渋谷・東京／全国～数秘術で本来の自分を想い出す～」

アメーバブログを利用している占い師のキャッチコピーでよく見かけるケースです。活動場所の地名が入っているのはいいのですが、東京と埼玉はまったく違う場所です。「それで、あなたは結局どこにいるの？」と混乱してしまいます。

「渋谷・東京／全国」というキャッチコピーにいたっては、さらに居場所が曖昧《あいまい》です。おそらく「全国どこでも出張鑑定します」「占いの仕事で全国を飛び回っています」とアピールしたいのでしょうが、結局この占い師はどこにいるのかわかりません。せっかく活動場所を紹介しているのに、「お客様を惑わせる」という点で、これらのキャッチコピーはマイナスです。

また、キャッチコピーでアピールしている地名が実際の活動場所と一致していないのもNGです。ある時、キャッチコピーに「銀座の占い師」と書いている人を見つけました。私も銀座で活動しているので、「ご近所かもしれない」と興味を惹《ひ》かれ、その人のブログを見たところ……なんと、実際の鑑定場所は「品川」でした。思わず「どうして？」と思ってしまいました。

「銀座」と「品川」はまったく違うエリアです。キャッチコピーに「銀座」と書くなら、実際に「銀座」で活動するか、キャッチコピーの地名を「品川」に書き換えるべきです。

ちなみに、決まった場所で対面鑑定をする場合は地名によるブランディングが有効ですが、電話やオンラインで鑑定する場合は全国（全世界）にアピールする必要があります。

あなたが活動拠点以外の場所で広くビジネスチャンスをつかみたい場合は、地名によるブランディングが逆効果になる可能性もあります。そのため、キャッチコピーに地名を入れる場合は、あなたの活動内容を踏まえた上で慎重に判断しましょう。

06

★★

稼げる占い師は、

「どう見られているか」を意識する

稼げない占い師は、

「どう見せたいか」を考える

ダメな例

▼「プロにヘア＆メイクをしてもらってステキなプロフィール写真を撮ろう」
▼「お気に入りの服を着てプロフィール写真を撮影しました」

プロフィール写真は最強のブランディングツール。あなたの占い師としての印象を左右するのに重要なアイテムです。そのため、クオリティの低いスナップ写真や自撮り写真で済ませてはいけません。

また、免許証や社員証に載せる証明写真のように、正面を向いた堅い表情の写真もふさわしくありません。写真館に行って、プロのカメラマンに撮影してもらいましょう。

ただし、プロフィール写真を撮る際に「ステキな占い師に見せたい」という意識が前面に出てくると、単なる自己満足で終わってしまいます。撮影の前には、必ずブランディングを意識してください。

自分が「どう見せたいか」ではなく、お客様に「どんな占い師に見られたいか」を考えることが重要です。

プロフィール写真を撮影する前に、あなたが目指す占い師像に合う服装、ヘアスタイル、メイク、テーマカラーなどをじっくり考えてみましょう。プロのヘアメイクに依頼する場合も、「お任せ」ではいけません。「どんな占い師に見られたいか」を念頭に置き、そのイメージがしっかり伝わるようなビジュアルを実現するためのアイデアを練りましょう。

以下に、ブランディングの参考になる色のイメージをご紹介します。服やアクセサリーを選ぶ際に役立ててください。

COLOR IMAGE

赤	愛、情熱、パワフル、勇気、晴れやか
黄	明るい、元気、無邪気、おおらか、楽観的
オレンジ	活発、陽気、親しみやすい、健康的、若々しい
ピンク	優しい、可愛い、穏やか、素直、柔らかい

青	さわやか、冷静、知的、クール、誠実
緑	癒やし、安らぎ、のどか、フレッシュ、平和
茶	素朴、落ち着き、信頼、安心、伝統
紫	神聖、気品、エレガント、セクシー、神秘的
白	清潔、純粋、清らか、無垢
黒	高級、フォーマル、強い、堅実

稼げる占い師になるために必要な

営業力

第3章

01

★★

稼げる占い師は、マメにHPを更新する

稼げない占い師は、自分のHPを持っていない

ダメな例

▼「プロのデザイナーにおしゃれなHPを作ってもらったから安心！」
▼「毎日SNSで情報発信してるから、HPは更新しなくても大丈夫」

稼げる占い師になるためには、自分のHPを持つことが必須です。無料で使えるブログやSNSで代用している占い師も多いですが、それだけでは不十分です。お客様に「この占い師は実在しているのかな？」と不審に思われたり「この占い師はHPを作るお金もないのかな？」と思われてしまうでしょう。また、ブログやSNSの運用方針が変わって突然使えなくなるリスクもあります。そのため、占いの仕事専用HPを作ることをオススメします。

HPはワードプレスなどのソフトウェアを使えば自分で作ることができます。自信がない場合はプロのWebデザイナーに作成を依頼しましょう。

ただし、どんなにクオリティが高くておしゃれなデザインのHPを作っても、マメに内容を更新しないと意味がありません。「毎月1日に更新する」など、自分なりのルールを決めて最新情報をアップするようにしましょう。

また、稼げる占い師を目指すなら、HPは独自ドメインで運用しましょう。独自ドメインとはhttps://www.〇〇〇.comのような、オリジナルのURLのことです。HPが複数の利用者で使う共有ドメインだと、お客様に不審な印象を与えてしまいます。また、覚えにくいので、ブランディングや営業の面でもマイナスです。

独自ドメインは.comがメジャーですが、国別ドメイン.jpや.netなどもオススメです。あなたの占い師としてのブランディングに基づき、効果的な文字列の独自ドメインを取得しましょう。独自ドメインは年間数百円~数千円で使用することができます。（図4）

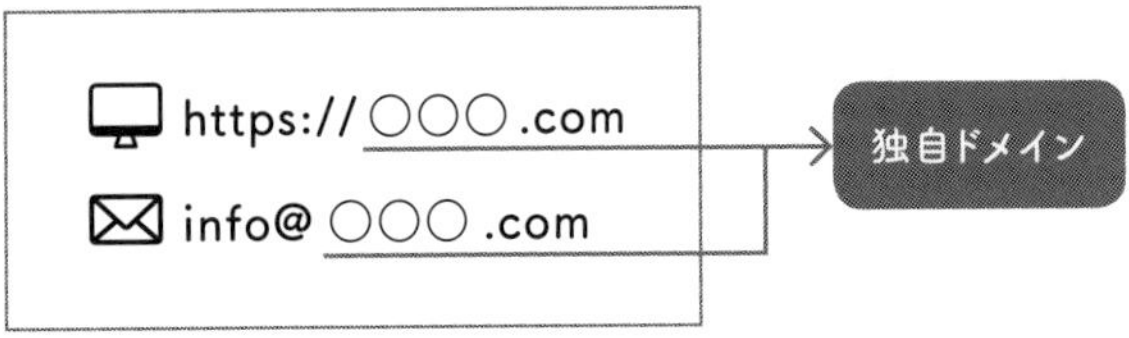

図4

なお、HPを作成する時は、次のページが必要です。

HP

自己紹介
あなたのプロフィール。鑑定歴や鑑定人数など、具体的な数字を掲載しましょう。

お客様の声
あなたの鑑定を受けた感想や講座を受講した感想などをお客様にインタビューし、できるだけたくさん掲載しましょう。

実績
あなたがやってきた仕事一覧。しっかりした実績を載せて、どんな仕事ができるのかアピールしましょう。

連絡先
「お問い合わせ」や「鑑定お申し込み」を受け付ける専用フォームを設置しましょう。

住所
鑑定場所など、活動拠点の住所を掲載しましょう。

02

★

稼げる占い師は、連絡しやすい
稼げない占い師は、連絡しにくい

ダメな例
▼HPに連絡先を書いていない
▼SNSのダイレクトメッセージから鑑定依頼を受ける

SNSを積極的に使っている人は、Facebookのメッセンジャーや
Instagramのダイレクトメッセージから鑑定申し込みを受けることもある
でしょう。ただ、その場合もHPの「お申し込み専用フォーム」に入力してもらう
よう、お客様にお願いしましょう。

それはなぜか？　Facebookのメッセンジャーや Instagramの
ダイレクトメッセージで次のようなやり取りが続くことを想像してみてください。

DM

お客様「鑑定お願いします」
あなた「了解しました。いつがよろしいでしょうか？」

お客様「○月○日は空いてますか？」
あなた「申し訳ございません。○月○日のご予約はいっぱいです。○月△日、○月□日でしたらご予約承れますが、ご都合いかがでしょうか？」
お客様「では、○月△日の昼頃でお願いします」
あなた「かしこまりました。では、○月△日13時からご予約を承ります。30分枠と1時間枠がございますが、どちらにしますか？」……続く

このやり取りをお客様全員と続けるのは大変な上、誤解や行き違いが起こる心配もあります。メールフォームを使って「お申し込み専用フォーム」を作っておけば、お客様は簡単にお申し込みができ、占い師もスムーズかつ正確に対応することができます。

メールフォームとは、Ｗｅｂサイトに埋め込まれた記入欄に直接メッセージを入力して送信できる仕組みです。お客様は必要事項を記入するだけでいいので、簡単に申し込みをすることができて便利です。

また、「お申し込み専用フォーム」があると顧客情報を管理しやすくなるので、後からお客様の予約情報を検索することもできます。例えば、お客様から予約日時の変

更やキャンセル依頼があった時や、リピーターのお客様からお申し込みがあった時に、即座に確認して対応することができます。

もしあなたが複数のSNSで鑑定予約を受け付けていて、対応に時間がかかっている場合は、HPに「鑑定お申し込み専用ページ&メールフォーム」を導入することをオススメします。SNSで鑑定依頼が来たら、「こちらの鑑定お申し込み専用ページから承ります」と書いて、HPのURLをご案内しましょう。

HPの「鑑定お申し込み専用ページ」には、鑑定場所、鑑定可能日時、鑑定メニュー、鑑定料、鑑定料のお支払方法、鑑定に必要な情報、キャンセルポリシー、注意事項など、あなたがお客様に伝えたい情報を簡潔にまとめておきましょう。そして、目立つデザインで「お申し込み」ボタンを設置しておき、「鑑定申し込み専用メールフォーム」を設置しておきます。(図5)

「鑑定申し込み専用メールフォーム」には、名前、メールアドレス、電話番号、希望の鑑定日時、希望の鑑定メニュー、生年月日時、希望のお支払方法……など、あなたが鑑定に必要な情報やお客様に記入してほしい項目を掲載します。そして、お客様が記入と送信を終えた後、「鑑定のお申し込みを受け付けました。詳細を〇時間以内に別途メールでご案内します」というご案内メールが自動で返信されるように設定しておきましょう。

メールフォームを導入する時に注意したい点が二つあります。一つ目は、セキュリティ対策をしっかりしておくこと。占い鑑定の現場では大切なお客様の個人情報を扱うので、セキュリティ対策は重要なポイントです。現在、無料・有料含め、様々な会社がメールフォームを提供しています。その中でも、セキュリティ対策が万全なものを選びましょう。

注意点の二つ目は、お客様に記入していただく個人情報は必要最小限に抑えること。例えば、あなたが鑑定でタロットカードを使う場合、鑑定の詳細をご案内するためにお客様のメールアドレスは必要な情報です。一方、お客様の住所や生年月日時は鑑定に使わない情報なので、記入欄を設ける必要はありません。

この2点に注意しておくことで、「このメールフォームは安全かな？」「こんなにたくさんの個人情報を教えて大丈夫かな？」というお客様の不安を事前に取り除くことができます。安全性と利便性を重視した「鑑定申し込み専用メールフォーム」を作成して、お客様が実際に鑑定を申し込むまでの心理的ハードルを下げましょう。

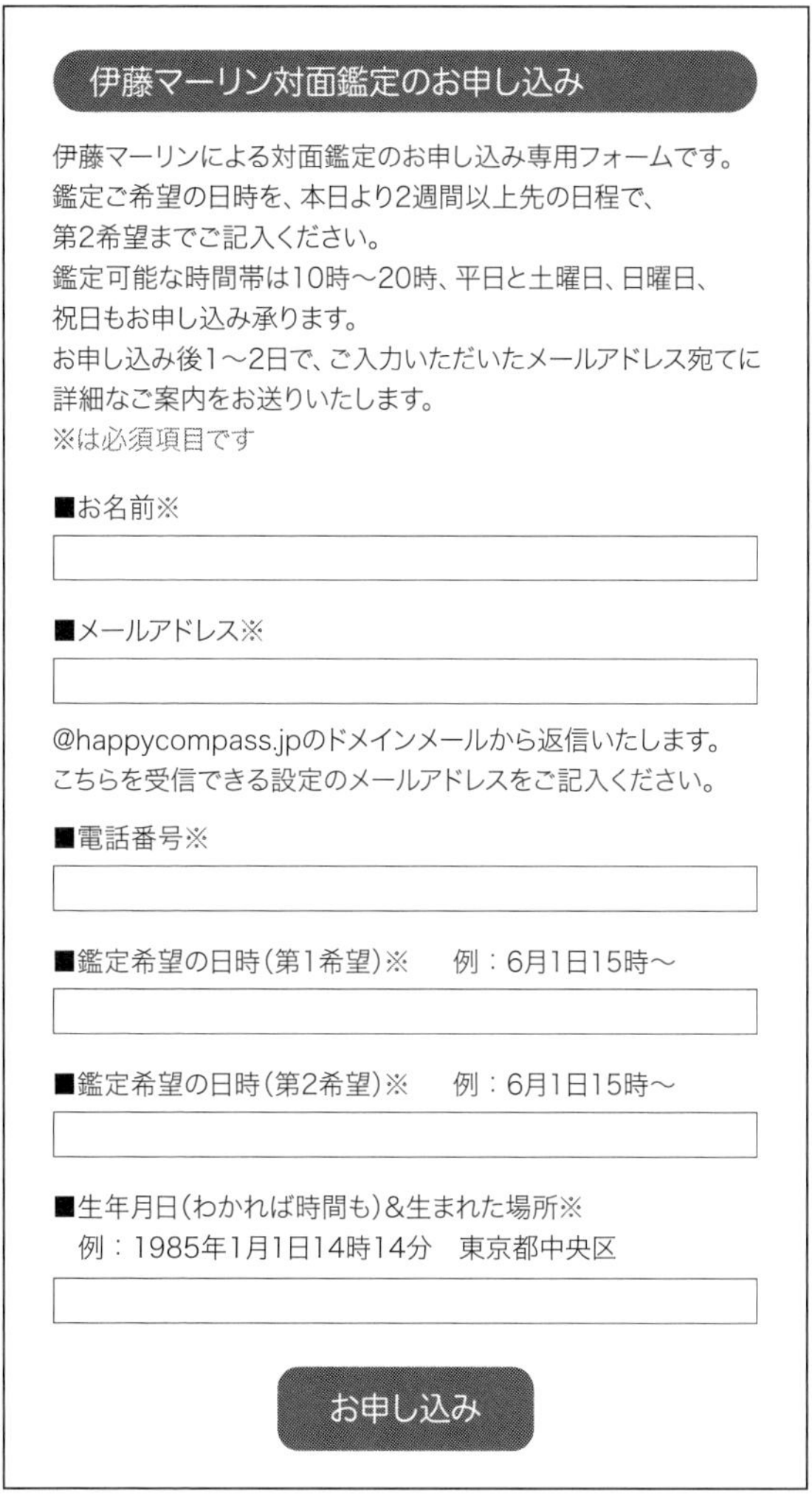

伊藤マーリン対面鑑定のお申し込み

伊藤マーリンによる対面鑑定のお申し込み専用フォームです。
鑑定ご希望の日時を、本日より2週間以上先の日程で、
第2希望までご記入ください。
鑑定可能な時間帯は10時〜20時、平日と土曜日、日曜日、
祝日もお申し込み承ります。
お申し込み後1〜2日で、ご入力いただいたメールアドレス宛てに
詳細なご案内をお送りいたします。
※は必須項目です

■お名前※

■メールアドレス※

@happycompass.jpのドメインメールから返信いたします。
こちらを受信できる設定のメールアドレスをご記入ください。

■電話番号※

■鑑定希望の日時（第1希望）※　例：6月1日15時〜

■鑑定希望の日時（第2希望）※　例：6月1日15時〜

■生年月日（わかれば時間も）&生まれた場所※
例：1985年1月1日14時14分　東京都中央区

お申し込み

図5

03

★

稼げる占い師は、

名刺の質と掲載内容にこだわる

稼げない占い師は、

適当に名刺を作る

ダメな例

▼「私はＷｅｂの活動がメインだから」といって名刺を持たない
▼「名刺には名前と連絡先を書いておけばＯＫ」
▼「カンタンに自宅のプリンターで名刺を作ろう」

占い師の中には、節約のためなのか、自宅のプリンターで名刺を作っている人がいます。ただ、ペラペラの紙にかすれたインクで印字されている名刺では、とても安っぽい印象を与えてしまいます。

名刺はあなたのことを知ってもらうための大切なツールであり、「あなたの分身」のようなものです。そのため、あなたが稼げる占い師を目指すなら、名刺の質にこだわりましょう。できれば、デザインから印刷までプロに依頼するのがベターです。あなたの占い師としての魅力がお客様にしっかり伝わるように、ブランディングを意識したデザインで作りましょう。

自分でデザインする場合は、印刷会社を使いましょう。自宅のプリンターで印刷するよりも、圧倒的にクオリティの高い名刺を作ることができます。また、自分で名刺専用の紙とプリンターのインクを用意するよりも、印刷会社に依頼した方がリーズナブルになることもあります。

デザイナーに依頼せず、自分でデザインできない場合は、名刺デザインのテンプレートを活用しましょう。インターネットで名刺制作会社を検索すると、ＨＰに多数の名刺見本とテンプレートが掲載されています。それを基にデザインを用意し、そのまま印刷を依頼するとスムーズです。

名刺を制作する時、特に注目したいのは「紙質」と「厚み」です。オススメの用紙は、表面がコーティングされて光沢のあるコート紙です。落ち着いた雰囲気に仕上げたい場合は、光沢がなくてスムースなマットコート紙がいいでしょう。厚みは、郵便ハガキとほぼ同じ厚さの１８０kg以上、高級感を演出したいなら２２０kgがオススメです。

私が印象に残っている名刺のエピソードがあります。起業した時、会社のロゴマークを作ってくれたデザイナーが「お祝いに」といって名刺をプレゼントしてくれました。そして、次のようなアドバイスをくれました。

「社員が大勢いる会社や外回りの営業が多い方など、消費枚数が極端に多い場合には安さを追求するのはアリです。ただ、マーリンさんのように小規模な会社で、しかも代表者であれば、名刺にある程度のコストをかけることは割の良い投資になるのでオススメです」。

そうして出来上がった名刺はとても素晴らしく、用紙やインクの他にも、フォントのチョイス、余白のバランスなど、デザインのプロならではのテクニックが名刺に盛り込まれていることを実感しました。

名刺に記載すべき項目

鑑定やイベントでお客様に渡す名刺には以下の情報を記載しましょう。

名刺

（表面）

・キャッチコピー
・肩書き
・占い師ネーム
・ＨＰのＵＲＬ
・ＨＰのＱＲコード
・ＳＮＳのＩＤ

（裏面）

・鑑定場所（占い館の場所や電話占いのＨＰ）
・鑑定可能日時（占い館の出演時間や電話占いの待機時間）
・鑑定メニュー
・鑑定料金

キャッチコピーは、第1章で紹介した「占い師としての強み」をそのまま使います。

「大失恋を乗り越えて新しい恋のチャンスをつかみ、結婚に導くためのアドバイスをします」「あなたとお子様の性格や相性を占いで読み解き、親子仲を改善します」など、お客様があなたの名刺を見た時にキャッチコピーに目がいくよう、表面に大きく記載しておきましょう。

お客様があなたのＨＰにアクセスしやすいよう、ＱＲコード（二次元バーコード）を名刺に印刷するのもオススメです。ＱＲコードがあれば、お客様がわざわざＵＲＬを入力したりアカウントを検索したりする手間を省くことができるので便利です。無料のＷｅｂサービスを使えば簡単にＱＲコードを作成できるので、名刺に印刷しておきましょう。

また、名刺にプロフィール写真を入れるのも効果的です。抵抗があれば無理に入れる必要はありませんが、写真が名刺に入っていることでアピール力アップにつながります。名刺を見る度に、あなたの名前だけでなく顔を印象付けることができるので、お客様に覚えてもらいやすくなります。

04

★

稼げる占い師は、
SNSに投稿する内容を吟味する

稼げない占い師は、
SNSを適当に更新する

ダメな例

- ▼Instagramに自撮り写真をアップする
- ▼Facebookにペットの写真をアップする
- ▼ブログに旅行の感想を書く
- ▼ブログとFacebookの投稿をTwitterに自動投稿している

「第1章　稼げる占い師になるためのマーケティング力」で「SNSの目的はメールマガジンやLINE公式アカウントへの登録に誘導すること」とご紹介しましたが、SNSには他にも利点があります。SNSを頻繁に更新するとザイオンス効果が期待できます。ザイオンス効果とは心理学の用語で、単純接触効果とも呼ばれています。同じ人や物に接する回数が増えるほど、その対象に対して好印象を持つようになる効果のことです。

ただ、「どんな内容でもいいからSNSを更新すればいい」というわけではありません。稼げる占い師は、集客の手段としてSNSを戦略的に運用しています。占い師がSNSを運用する際に重視すべきことは、親近感よりも信頼感です。占いと関係ない内容をSNSに頻繁に投稿しても、収入アップにはつながりません。

「親近感がアップするから」という理由で個人的な写真を投稿している占い師もいますが、「今日〇〇を食べました。おいしい★」「ペットの〇〇ちゃんを紹介します♪」という投稿をしても、あまり意味がありません。SNSのプライベートな投稿を喜んでもらえるのは、熱狂的なファンがいる一部のタレントやアイドル、インフルエンサーくらいです。

自撮り、食事、ペット、旅先の風景、空や花の写真などを投稿している占い師も多いですが、「占い師の仕事の集客につながるか？」という視点で考えると、すべて意味がありません。なぜなら、占い師のSNSを見る人が知りたいのは占い師のプライベートな情報ではなく、「この占い師に相談したら、私の悩みは解決するのか？」「この占い師はお金を払って鑑定してもらう価値があるのか？」ということだからです。

ＳＮＳで紹介するネタに困ると、適当な内容をアップしてしまいがちです。ただし、ＳＮＳに投稿する内容は吟味しましょう。見ている人（見込み客）がまったく興味や関心を持てない投稿が続くＳＮＳはスルーされてしまいます。ブランディングを意識しながら、占い師としての自分をアピールできるような内容の投稿をすることが重要です。

冒頭でダメな例として紹介したＩｎｓｔａｇｒａｍの自撮り写真は、「今日のラッキーカラーはパープル。目尻にパープルのアイラインを入れてみました」というコメントを一言添えるだけで占い師らしいＳＮＳになります。また、ブログに家族旅行の様子をアップするなら、「今日の吉方位は南西なので、箱根にきました」というコメントを添えるだけで、占い師らしい投稿になります。さらに吉方位やパワースポットなどの開運情報を紹介すれば、ＳＮＳを見ている人に「この人は知識がある占い師だ」という信頼感を与えることができます。

繰り返しになりますが、占い師のＳＮＳに必要なのは親近感よりも信頼感です。

あなたのＳＮＳを見ている人が「このＳＮＳには占いの役立つ情報が載っている」と思って信頼してもらうことが、集客につながります。

稼げる占い師になるためには、どのＳＮＳを使えばいいか？

占いの仕事に有効なＳＮＳとして、ブログ、Ｆａｃｅｂｏｏｋ、Ｉｎｓｔａｇｒａｍ、Ｔｗｉｔｔｅｒ、ＹｏｕＴｕｂｅなどがあります。基本的にすべて無料で使えるので、既に活用している人も多いでしょう。それぞれ特性が異なるので、どのＳＮＳを使えばいいか迷うこともあるかもしれません。

ザイオンス効果を考えると、稼げる占い師になるためにはすべてのＳＮＳを利用するのが理想的です。というのも、「ＦａｃｅｂｏｏｋはやっていないけれどＩｎｓｔａｇｒａｍは毎日見る人」や「Ｉｎｓｔａｇｒａｍは苦手だけれどＴｗｉｔｔｅｒは頻繁に使う人」など、様々な人がいるからです。すべてのＳＮＳを網羅することで、あなたがアプローチできる人の数は必然的に増えていきます。

ただ、すべてのＳＮＳを毎日更新するのはかなり大変です。そのため、自分なりのルールを作ることをオススメします。例えば、火曜日はＦａｃｅｂｏｏｋ、水曜日はＩｎｓｔａｇｒａｍ、木曜日はブログ、その合間にＴｗｉｔｔｅｒ……など、それぞれのＳＮＳを更新するタイミングを決めておくという方法があります。また、「ＳＮＳを更新する時は写真撮影と文章執筆を含めて30分以内」などの制限を設けておくことも有効です。

また、特定のＳＮＳだけに絞る場合は、「楽しく続けることができるか」を基準に判断するのがベストです。「Ｔｗｉｔｔｅｒは好きだけれど、Ｉｎｓｔａｇｒａｍはしっくりこない」という人はＴｗｉｔｔｅｒの更新だけに注力すればいいですし、「長い文章を書くのが得意だからＴｗｉｔｔｅｒよりブログが好き」という人はブログの更新だけを続ければＯＫです。

「どのＳＮＳを選んでいいのかわからない」という人は、とりあえず全部を試した上で、自分に合っているＳＮＳを選んで活用するといいでしょう。以下に、それぞれのＳＮＳの特性とオススメ度をご紹介しますので、参考にしてください。

ブログ　オススメ度　★★★

ブログは書いた記事を蓄積することができます。記事をアップする度にバックナンバーが増えていくので、継続的に見込み客を集め、ファンを育てることができます。SEO（検索エンジン最適化）対策を重視するなら、ワードプレスでブログを作って運用するのがベストです。

SNSとしてブログサービスを使う場合、私のオススメはアメーバブログ（通称アメブロ）です。使いやすさはもちろんのこと、時代や流行に合わせて機能がアップデートされている点が良いです。

Facebook　オススメ度　★★

占いの仕事に生かすなら、個人ページよりもFacebookページを使うのがオススメです。Facebookページは商用利用が可能で、Facebookに登録していない人やログインしていない人でも閲覧することができます。また、Yahoo！や

Ｇｏｏｇｌｅの検索結果にも表示されます。

私の場合、会社用、講座用、書籍用など、テーマ別に複数のＦａｃｅｂｏｏｋページを作って運用しています。

Instagram　オススメ度★

Ｉｎｓｔａｇｒａｍはイラストレーターやハンドメイド作家など、オリジナル作品を紹介したい人には効果的なツールですが、占い師とはあまり相性が良くありません。

なぜなら、写真がメインなので、個性的で美しい写真がないと注目してもらえないからです。

ＵＲＬリンクを貼れる場所がプロフィール欄の一箇所しかないのもマイナスポイントです。投稿やコメントの中に直接ＵＲＬリンクを貼れないので、投稿に関連したＷｅｂページに誘導することができないのが残念です。

Twitter　オススメ度★★

スピーディーかつタイムリーなコミュニケーションを取れるので、占い館や電話占いで鑑定している人、イベントに出展する機会が多い人にオススメです。「いま鑑定に入りました」「今夜は22時まで待機中です」「イベントがスタートしました！」など、マメに投稿することでライブ感を演出することができます。

YouTube　オススメ度 ★★

動画は情報量が多く、個性を出しやすいという長所があります。YouTubeにアップした動画は蓄積しておくことができるので、継続的なPR効果もあります。

占いの仕事にYouTubeを活用するなら、必ず動画の最後にメールマガジンやLINE公式アカウントの案内を入れて、読者登録や友だち登録へ誘導しましょう。チャンネル登録者数や再生回数、視聴数よりも、メールマガジンの読者やLINE公式アカウントの友達が何人増えたかを重視しましょう。

要注意！　SNSでやってはいけないこと

稼げる占い師になるためには、ＳＮＳに投稿する内容を吟味することが必須です。以下、ついやってしまいがちなＳＮＳ運用上の注意点をご紹介します。

ＳＮＳを更新せずに放置する

あなたの占い師ネームで検索して出てくるＳＮＳは、いつも最新の情報がアップしてあることが必須です。ひどい場合、数年前で投稿が止まっているＳＮＳやブログもあります。更新がストップしているＳＮＳは放置せず、定期的に情報をアップデートしましょう。それができない場合は、直ちに削除しましょう。

アイコンを頻繁に変える

ＳＮＳのアイコンは持ち主のアイデンティティ、自分らしさを表すために必要なものです。特に、占いの仕事用アカウントとして運用しているＳＮＳのアイコンは、ブランディングにも関わるので重要です。

また、ＳＮＳを見ている人には、無意識のうちにアイコンのイメージが染み込んでいます。アイコンは「自分の看板」なので、アイコンを変えるのは看板をかけ替えるのと同じことです。頻繁にＳＮＳのアイコンを変えると誰だかわからなくなってしまい、フォロワーにあなたのイメージを定着させることができないので注意しましょう。

アイコンには自分のプロフィール写真を使うことが鉄則です。適当に撮ったスナップ写真ではなく、ブランディングを意識して撮影した正式なプロフィール写真を使います。

自分の顔写真をどうしても公開したくない人は、自分の似顔絵やロゴマークなど、何か「自分らしさ」を表せるものを使いましょう。たまに、アメーバブログのアバター（分身）を使っている人もいますが、本人と結びつきにくく不審な印象になるのでオススメしません。

ＳＮＳ同士を連動させる

ＳＮＳ同士は連動させることができます。例えば、アメーバブログで書いた記事のＵＲＬをＴｗｉｔｔｅｒに貼り付けたり、Ｉｎｓｔａｇｒａｍで「詳しくはこちら」とブログ記事のＵＲＬを貼り付けたりする方法です。ＳＮＳの中には、シェアボタンを押すだけで他のＳＮＳと連動する機能を持っているものもあります。

ＳＮＳを連動させると文章を書く手間が省けるので、運営者である占い師にとっては便利です。ただ、それを見る人（フォロワー）には無機質で適当な印象を与えてしまいます。ちなみに、Ｉｎｓｔａｇｒａｍでは投稿内のＵＲＬは直接リンクされないので、ほぼスルーされてしまうでしょう。

また、ＳＮＳで記事を書き始めて「続きはこちら」と自分のＨＰ内のブログに誘導するのもあまり賢い方法ではなりません。よほど読者の興味を引く内容ならリンク先の記事を読んでもらえる可能性がありますが、多くの人は面倒に感じるので、そこでページを離脱してしまうでしょう。

このように、ＳＮＳ同士を機械的に連動させると、読者であるフォロワーの興味関心が薄れてしまうばかりか、イライラさせてしまう可能性もあります。それぞれのＳＮＳの中で投稿内容を完結させることを心がけましょう。

SNSの画像や動画が美しくない、もしくは不自然

占い師のSNSの中には、写真が暗かったり、動画がブレていたり、とても見づらかったりするものがあります。特に、Instagramは「インスタ映え」という言葉があるほど、写真の美しさや見栄えを重視されるSNSです。ズラリと並んだ美しい写真の中に、野暮ったい印象の写真が並んでいると悪目立ちしてしまいます。

私がSNSで占い関連の投稿をチェックしていて特に気になる写真は、タロットカードが傷んでいる、タロットクロスがしわくちゃ、オラクルカードを持つ指がささくれだらけ……などです。パッと目に入った瞬間、「どうしてこの写真をアップしたの?」と残念に感じる投稿が多々あります。

一方、Instagramの特性を理解して見栄えの美しさを意識している占い師の中には、プロのカメラマンが撮影したフリー素材（写真）を使っている人もいます。例えば、西洋占星術の投稿をする時に、満天の星の写真をアップしているケースなどです。それらは確かに美しい写真ですが、他の場所でも目にする頻度が高いので、既視感があります。

また、どうしても無機質な印象になってしまうのも残念です。自分で撮影した微妙な写真をアップするよりはマシかもしれません。ただ、美し過ぎる写真からは投稿者である占い師の姿を想像しにくいため、違和感につながることもあります。フリー写真を使う時は、あなたの雰囲気と合っているか、投稿内容とマッチしているか、慎重に検討しましょう。

ＳＮＳに画像を投稿する際、画像のサイズも重要なポイントです。Ｔｗｉｔｔｅｒ、Ｉｎｓｔａｇｒａｍ、Ｆａｃｅｂｏｏｋなど、ＳＮＳごとに推奨サイズが違います。ＳＮＳに投稿する画像を適切なサイズに合わせないと、画像が中途半端にカットされたり、表示バランスが悪くなったりします。

投稿する画像だけでなく、プロフィール写真やカバー画像にもそれぞれ推奨サイズがあります。ＳＮＳに投稿する際の最適な画像サイズや解像度は時々変更になるので、運営元が発表する情報をマメに確認しましょう。

さらに、写真より情報量が多い動画（ＹｏｕＴｕｂｅ）の場合は、それ以上に注意が必要です。占い解説動画に登場する占い師の顔が逆光で暗かったり、字幕に読みづらいフォントを使っていたりすると、見る人に残念な印象を与えてしまいます。せっかく手間をかけて動画をアップしても、占い師としての自分をアピールするどころか、悪い印象を与えてしまったら逆効果です。写真や動画は情報量が多いので、ＳＮＳにアップする前にしっかりチェックしましょう。

05

★★

稼げる占い師は、リピート客を大事にする

稼げない占い師は、新規の集客に力を入れる

ダメな例

▼「リピーターさんは特に連絡しなくても来てくれるから、ありがたいわ」
▼「LINEの友だち登録で鑑定料金50%オフ！」というキャンペーンを年中行う

稼げない占い師は、売上を増やそうと思った時、「とにかくお客さんを増やさなきゃ！」と焦って、やみくもに集客します。一方、稼げる占い師は、売上を構成する要素を理解した上で、最適な行動を取ります。

売上を分解すると、次のような公式で表すことができます。稼げる占い師を目指すなら、常にこの公式を意識しておく必要があります。

売上＝客数×単価×リピート頻度

売上が増えるということは、客数、単価、リピート頻度の三つのどれか、あるいは複数が増えるということです。この中で一番大変なのは客数を増やすことです。

稼げる占い師は「LTV（ライフタイムバリュー＝顧客生涯価値）」を重視しています。LTVとは「1人の顧客がその取引期間を通じて企業やブランドにもたらす価値」です。

占い師のケースで説明すると、単発で鑑定依頼をしてくれる人より、継続的に鑑定依頼をしてくれるリピーターの方がLTVは高くなります。例えば、「1万円の鑑定を毎月申し込んでくれるAさん」と「2万円の鑑定を1回だけ申し込んでくれたBさん」なら、Aさんの方がLTVは高いということになります。（図6）

「新規のお客様をたくさん集客したい！」と焦る気持ちもわかりますが、それに注力するあまりリピーター（お得意様）をないがしろにしてはいけません。逆に、リピーターを増やす努力をすることは、新規のお客様を集めるためにも有効です。お客様に誠意のある鑑定を行うことでリピーターが増え、そのリピーターからのクチコミによって評判が広がり、少しずつ新しいお客様も増えていく……そんなかたちが理想的です。

また、法人相手の仕事でもＬＴＶは重要です。例えば、私が起業したばかりの頃、ある制作会社から仕事の依頼をいただきました。月刊のフリーペーパーに「12星座占い」の原稿を書く仕事です。提示された予算は原稿１本につき１万５０００円。当社の基準よりかなり安かったのですが、当時の私は「できるだけ多く原稿依頼が欲しい！」と張り切っていたので快諾しました。その後、フリーペーパーの発行元が変わっても引き続き依頼をいただき、長期連載となりました。

このように、「原稿料が安い連載の依頼」と「原稿料が高い単発の依頼」なら、

	Aさん	Bさん
1回の鑑定料	1万円	2万円
頻度	継続（月1回）	単発
年間の鑑定回数	12回	1回
年間の鑑定料	12万円	2万円

図6

前者の方がＬＴＶは高くなる場合があります。極端な例ですが、「毎月1万円の連載依頼」と「１００万円の単発依頼」があった場合、短期的な収入を考えると「１００万円の単発依頼」の方が魅力的です。でも、連載が3年、5年、10年……と続けば、どうでしょうか。「毎月1万円の仕事」が続くと、トータルの売り上げは3年間で36万円、5年間で60万円、10年間で１２０万円になります。

占いの仕事を続ける上で、継続して仕事の依頼をもらえると収入が安定します。それは、心の安定にもつながります。稼げる占い師になるためには、個人・法人を問わず、リピートしてくれるお客様を大切にしましょう。

占い依存客を生まず、鑑定をリピートしてもらうために大切なこと

リピート客を大事にするという点で、占い師が注意すべきことがあります。それは、「占いに依存してしまう人がいる」ということです。あなたが経験豊富な占い師なら、何度も繰り返し相談に来るお客様がいることをご存知でしょう。

占い師の中には、わざとお客様を不安にさせる鑑定をして、鑑定をリピートするよう仕向ける人もいます。それは絶対にやってはいけないことですし、稼げる占い師を目指すなら逆効果です。ただ、なぜなら、占い師に下心があるとまともな鑑定ができず、お客様に嫌われてしまうからです。「あの占い師はちゃんと占ってくれない」と失望したお客様は、さっさと離れていきます。「あの占い師はやめた方がいいよ」など、悪い評判が立つ可能性もあるでしょう。不純な動機を持つ占い師は、自分で自分の首を絞めることになります。

依存客を生まず、鑑定をリピートしてもらうために大切なこと。それは、鑑定時間内にお客様の悩みを解消できるよう、ベストを尽くすことです。たった一度の鑑定でも、「あの占い師に相談してよかった」とお客様が満足すれば、信頼感が生まれます。「また悩むことがあれば、あの占い師に相談しよう」と思ってもらえれば、占い師はお客様にとって「依存する相手」ではなく「心の支え」となり「希望の光」になります。

06

★

稼げる占い師は、集客のためにイベントに出展する

稼げない占い師は、仲間に誘われてイベントに出展する

ダメな例
▼忙しさを演出するためにイベントに出展する
▼鑑定料を稼ぐためにイベントに出展する

年中、様々な占い関連のイベントが全国各地で開催されています。有料・無料を含めて、イベントに出展したことがある方も多いのではないでしょうか？　イベントに出る時に最も大切なこと、それは「イベント出展の目的をハッキリさせること」です。そして、稼げる占い師は、集客のためにイベントに出展します。

私はこれまでに、大小様々な規模の占いイベントに出展してきました。以前、ビルのワンフロアを使った小規模の占いイベントに初めて出た時のこと。会場には占いだけでなく、ヒーリングやマッサージなどの出展者が30人程いました。私は事前にブログやSNSでイベント出展を告知していたので、当日はたくさんの方が来てくださり、ひっきりなしに鑑定を続けていました。そして、イベントの翌日、主催者からこんなメールが来ました。

MAIL

「このイベントは占い師同士の交流が目的なので、他の人の鑑定も受けて欲しかったです」

私は出展料2万円を払った上に、イベント全体の集客にも貢献したので、主催者のメールを読んだ時は違和感しかありませんでした。どうやら、主催者が提案する「占い師同士の交流」というのは表向きの理由で、イベントを開催する本当の目的は「出展者である占い師同士がお互いを鑑定し合い、売り上げを回し合うこと」だったようです。

占い師同士の交流が目的なら、出展料2万円のイベントではなく、参加費2千円の交流会を開けばいいのです。主催者が外から集客する努力をせず、内輪で客を回し合っているようなイベントなら、お金を払って出展する価値はないと実感した出来事でした。

また、2日間で約4万人が来場する大規模な占いイベントに出展したこともあります。出展料は10万円、目的はアストロカード®講座のPRと受講生の鑑定力アップです。イベントの来場者にパンフレットを配ってアストロカード®講座の宣伝をしつつ、実際の鑑定を体験してもらうという形式です。最終的に、2日間で5000部のパンフレットを配布し、50人ほどの有料鑑定を行いました。

この大規模な占いイベントで、アストロカード®講座ブースの左隣には占い学校、右隣には個人の占い師が出展していました。

イベントの最中、左隣ブースに目をやると、占い学校はスタッフ総出で「無料鑑定」を行っていました。鑑定希望者が自分の生年月日や連絡先をシートに書き込むと、その情報を基に占ってもらえるという仕組みです。無料なのでブースは大盛況、常に鑑定希望者の列ができていました。

この占い学校がイベントに出展した目的は、おそらく個人情報の取得です。イベント後に占い学校の案内を送り、生徒獲得につなげるのでしょう。これは私の予想による概算ですが、1日100人、2日間で200人のリアルな個人情報を取得できるとすれば、出展料10万円とスタッフの人件費を合わせても、広告宣伝費としては悪くない金額です。

一方、右隣ブースの個人の占い師は40分1万円の鑑定をしていました。イベントとしてはかなり強気の値段設定ですが、ご本人は「出展料の元を取らなきゃ！」と張り切っていました。確かに、2日間で10人以上占えば出展料10万円の元を取ることができます。ただ、約4万人が来場するイベントでたった10人程度にしか直接アピールできないというのは、かなりもったいないです。

このように、イベントに出展する際は、「何のためにこのイベントに出展するのか？」という目的をハッキリさせておくことが重要です。もしあなたの目的が「毎週イベントに出ている人気占い師だと思われたい」ということなら、参加費がかかって集客できなくても、イベントに出展するだけで目的達成です。

ただ、稼げる占い師になるためには「集客のためにイベントに出展する」という視点が必要です。そして、イベントに出展した後は、どれくらい集客効果があったのか、費用対効果を分析することが重要です。費用対効果が高かったイベントなら継続的に出展すればいいですが、低かったイベントなら出展を取り止めるという判断が妥当です。

イベントの費用対効果を分析するために有効な方法

イベントの費用対効果を分析するために有効な方法は、配布パンフレットをコード管理することです。まず、イベント配布用のパンフレットを用意します。そこに「このパンフレットをご持参いただいた方は鑑定料10％オフ」など、特典を明記しておきます。そして、パンフレットの端に、どのイベントで配布したかがわかるようなコードを記入しておきます。コードはアルファベットでもマークでも、自分が識別できるものなら何でもＯＫです。そうすることで、どのイベントの費用対効果が高いのか、具体的な数値で効果を測定することができます。

例えば、出展料1万円のイベントAでパンフレットを５００枚配布した場合。紙代と印刷代を除き、パンフレット1枚当たりの配布コストは20円です。それを見て鑑定を申し込んでくれた人が二人いたら、成約率は0・4％で顧客一人当たりの獲得単価は5000円です。

一方、出展料10万円のイベントBでパンフレットを5000枚配布した場合。紙代と印刷代を除き、パンフレット1枚当たりの配布コストは20円です。それを見て鑑定を申し込んでくれた人が25人いたら、成約率は0・5％で顧客一人当たりの獲得単価は4000円です。

二つのイベントを比べると、単純計算でイベントBの方が顧客一人当たりの獲得単価が安い、つまりイベントBの

	イベントA	イベントB
出展料	1万円	10万円
パンフレット配布枚数	500枚	5,000枚
パンフレット1枚当たりの配布コスト	20円	20円
鑑定申し込み人数	2人	25人
成功率	0.4％	0.5％
顧客1人当たりの獲得単価	5,000円	4,000円

イベントBの方が顧客1人当たりの獲得単価が安い
＝イベントBの方が集客効果は高い

図7

方が集客効果は高いということになります。（図7）

このように、イベントの規模・開催時期・客層など条件に差はあるものの、具体的な数値を割り出して分析するのは有効です。そうすることで、イベントに出展する効果を客観的に判断できます。

07

★★

稼げる占い師は、一つの仕事を次につなげる

稼げない占い師は、単発の仕事を繰り返す

ダメな例

▼「最近イベント鑑定の依頼が少ないから新規開拓！　営業を頑張ろう！」
▼「去年やったクリスマス企画の原稿、今年も依頼はあるかな？」

占いを仕事にするなら、一つの仕事に全力で取り組み、良い結果を出すことが重要です。そして、稼げる占い師になるためには、一つの仕事を次につなげる努力が必要です。仕事が終わった後、「今回はありがとうございました。またお役に立てる機会がありましたら、いつでもご連絡ください」とお礼のメールを送るだけでも仕事のチャンスが増えます。また、日頃から占いの仕事を紹介してもらえる人間関係や環境を作っておくことも大切です。

私が起業し、専業占い師になった時のことです。知人のデザイナーに会社のロゴマークとキャラクターの制作を依頼しました。その方は個人でデザイン会社を経営していて、これから社員を雇って会社を大きくしていこうという時期でした。自営業の先輩として、仕事の打ち合わせの際に色々相談に乗ってもらうこともありました。

しばらくして、そのデザイナーから「コンペに参加しませんか？」という連絡をもらいました。大手住宅販売会社のキャンペーンの案件で、「占いを使ったら面白いのでは？」とひらめいたようです。私が占いのロジックを提供し、デザイナーがＨＰやＤＭのデザインを仕上げるという形式で無事にコンペを通り、キャンペーンも好評のうちに終了。その後も数年間、連続して同じ会社から仕事の依頼をいただきました。

このように、仕事の発注者と受注者が入れ替わることもあります。視野を広げれば、あらゆる場所に仕事のチャンスがあることがわかります。稼げる占い師になるためには、すべての縁を仕事につなげるつもりで、日頃から自分の得意なことをアピールしておくことが大切です。新しいお客様を得ること、既存のお客様との縁をつなぐこと、その両方を意識すれば、営業力を強化することができるでしょう。

08

★

稼げる占い師は、独立精神が旺盛

稼げない占い師は、仲間と群れる

ダメな例

▼「私は〇〇占い協会の一員だから、占い師として自信をもって活動できる」
▼占い師仲間と共同で鑑定場所を借りる

占いの協会や団体に所属して十分な仕事をもらい、たっぷり稼げればいいですが、そうはいかないことが多いようです。入会金や年会費などの支払いを求められる場合もあるので、費用対効果を重視する必要があります。

また、占いの協会や団体の一員になると、それぞれのルールに従う必要が出てきます。「自由に鑑定料を設定できない」「協会や団体が指定した占い道具しか使えない」となれば、占い師が自由に活動することができず、思うように稼げないので逆効果です。

さらに、占いの協会や団体の中で厳しい師弟関係や上下関係がある、メンバーの顔色をうかがって仕事を進める必要があるなど、窮屈な状況なら最悪です。

稼げる占い師は、単独行動が得意です。もしあなたが占いの協会や団体に所属していて、メリットよりもデメリットの方が大きいなら、退会を検討しましょう。

もう一つ、残念なケースをご紹介します。以前、私の知り合いの占い師が仲間と共同で鑑定場所を借りていました。「専用の鑑定スペースが欲しい。でも都心は家賃が高いから、数人でシェアしよう」という事情だったようです。

ただ、このようなケースはほとんどがうまくいきません。責任の所在が曖昧《あいまい》になる上、占い師同士の集客や売り上げに格差が発生するからです。利害のある関係になると人間関係がギスギスしてきて、「金の切れ目が縁の切れ目」になってしまいます。

一緒に仕事をする占い師仲間は、友達ではなくビジネスパートナーです。そして、ビジネスを続けていると、想定外のトラブルが起こることもあります。「友達だから」という甘えがあると、シビアな状況に直面した時が大変です。お互い感情的になって冷静な話し合いができなくなり、妥当な決断を下すことができません。

「一緒にイベントに出展しない？」「占いのお店を出すから手伝って！」と言われ

たら、即答は避けましょう。自分が頼られていると感じてうれしくなり、すぐにOKしたくなるでしょうが、勢い任せの口約束ほど怖いものはありません。「普段お世話になっている人だから」「ずっと仲良くやってきたから」という感情は別にして、「その誘いに乗ったらどうなるのか？」をあらゆる角度から冷静に検証しましょう。

また、いきなり一緒に物件を借りるなど、大きなプロジェクトに関わるのは止めた方が無難です。相手の占い師と何度か一緒にイベントに出て、うまくいくかどうか確認するくらいの慎重さが必要です。占い師仲間が一緒にビジネスをするのにふさわしい相手なのかどうか、よく見極めるようにしましょう。

どうしても占い師仲間と一緒に仕事をしたい場合は、必ず契約を交わしましょう。「相手を疑っているみたいで、そんなことできない」と思うなら、その誘いは断った方がいいでしょう。また「そんなに難しく考えなくても大丈夫だよ！」というような軽い相手も要注意です。後からお互いに嫌な思いをしないためにも、不安な点をすべてクリアにしておきましょう。

09

★★

稼げる占い師は、活動場所を変える

稼げない占い師は、活動場所を固定する

ダメな例

▼「いま所属している占い館には常連さんがいるから、移籍するのは止めよう」

▼「この占い館は鑑定料が安いけれど、働きやすいからハッピー！」

稼げない占い師が「快適な今の職場環境が私には合っている」という思い込みに縛られているのに対し、稼げる占い師は「売り上げの単価を上げる」ことを考えて活動場所を変えます。

例えば、あなたが占い館Aに所属していて、1時間の鑑定で手取り5000円稼いでいるとします。占い館Bに移籍して1時間の鑑定で手取り6000円稼げるとしたら、同じ仕事量で時給が1000円アップします。もちろん、占い館の環境（働きやすさ）や客層、集客力の強弱などの条件は異なりますが、単純に収入の金額だけに注目するなら占い館Bの方が上です。
　また、占い館から独立して対象顧客を「働く女性」に絞り、1時間の鑑定料を2万円に設定したら、占い館Aに所属する場合に比べて収入が4倍になります。さらに、対象顧客を「中小企業の経営者」に絞って1時間の鑑定料を4万円に設定したら、さらに収入が2倍になります。（図8）

　あなたが占い師の仕事で稼ぐ金額を上げたいなら、対象顧客、活動場所、活動時間などを変えることを検討しましょう。例えば、対象顧客を可処分所得の低い人から高い人に変える、鑑定場所を占い館

所属先	占い館A	占い館B	なし（独立）	なし（独立）
対象顧客	占い館のお客様	占い館のお客様	働く女性	中小企業の経営者
鑑定料収入／1時間	5,000円	6,000円	20,000円	40,000円

（占い館A→なし（独立）：4倍、なし（独立）→なし（独立）：2倍）

図8

から電話占いに変える、鑑定時間を平日から週末に変える……など、より高い鑑定料を得られるフィールドを探すのです。そうすると、同じ「1時間鑑定」という労力で、収入を2倍、3倍、4倍……と上げることができます。

ただ、やみくもに鑑定料を上げればいいわけではありません。鑑定料を上げるためには、あなた自身の占い師としての価値を上げることが必須です。鑑定や接客のスキルを磨き、お客様から「あなたに鑑定してほしい」と名指しでリクエストされる占い師を目指しましょう。

第4章

稼げる占い師になるために必要な 仕事のスキル

01

稼げる占い師は、
一般常識や接客マナーが
しっかりしている

稼げない占い師は、
一般常識がなくて
接客マナーが悪い

ダメな例

▼「会社員に向いてなくて、占い師になりました」
▼「人気占い師になるには、特別な個性や演出が必要」

占い館や電話占いのＨＰをチェックすると、占い師を募集していることがあります。そこに必ず掲載されている占い師の採用条件があるのをご存知でしょうか？　それは「一般常識や接客マナーを心得ている方」という条件です。具体的に見てみましょう。

占い館・電話占い

占い館Ａ　「一般常識や接客マナーを心得ている方」
占い館Ｂ　「一般常識を兼ね備えた方（鑑定歴よりも人間性を重視）」
電話占いＣ　「接客マナー、会話マナーを心得ているか」
電話占いＤ　「言葉遣い、礼儀のしっかりとした方。社会常識をわきまえ、マナーを守った会話ができる方」

電話占いE

「社会人としての常識や言葉遣い、マナーが身についている方。事務局と円滑にコミュニケーションができ、事務手続きを遅滞なくできる方」

私は一般常識やマナーはどんな仕事をする場合にも必要不可欠だと思っているので、最初はわざわざ採用条件に書いてあるのが不思議でした。でも、それぞれを細かく見ていくと、その理由がわかってきました。

特に私が注目したのは、占い館Bと電話占いEです。占い館Bは採用条件にあえて「鑑定歴よりも人間性を重視」と書くほど、性格に問題のある占い師が過去に所属していたと想像できます。スタッフが相当苦労したので、わざわざ採用条件に加えたのでしょう。

また、電話占いEが挙げている「事務局と円滑にコミュニケーションができ、事務手続きを遅滞なくできる方」という採用条件は、かつて事務局に報告や連絡をしない占い師や事務手続きがルーズな占い師が在籍していたことを暗示しています。

逆に考えると、一般常識を心得えている人、基本的なマナーが身についている人、スムーズにコミュニケーションできる人なら、少しくらい鑑定技術が乏しくても占い館や電話占いに採用される可能性が高いということです。

占い師になる人の経歴は十人十色。その中には、会社員として長く働いてきた人や、サービス業・接客業を経験してきた人もいるでしょう。一方、一般的な企業や店舗で働くことが難しくて、自分に合いそうな仕事を探した結果、占い師になったという人もいます。

あなたはどちらのタイプが稼げる占い師になれると思いますか？

占い師には、どうしても浮世離れしたイメージが付きまといます。でも、占い師を職業として分類するなら、接客業・サービス業になります。お客様相手の仕事なので、一般常識やマナー、コミュニケーション能力を求められるのは当然のことです。

また、占い師はお客様の個人情報や秘密を知る機会が多いので、守秘義務があります。そのため、占い師は他の職業以上に、公正で道徳的な人間性を求められる場合もあるでしょう。

稼げる占い師になるために必要な条件は、一般常識をわきまえ、言葉遣いが丁寧で、基本的なマナーが身についていることです。周囲の人達とうまくコミュニケーションを取りつつ良好な人間関係を築ける人なら、占い師としての信頼度も抜群。「あの人に占ってほしい」「あの人と一緒に仕事したい」と指名してもらえるので、安定した収入を得られるでしょう。

あなたが「占い師の仕事で思うように稼げない」と悩んでいるなら、まずは挨拶から見直してみましょう。占い館に出勤したら、スタッフに笑顔で挨拶しましょう。鑑定に来たお客様にも、優しい笑顔で明るく挨拶を。もちろん、電話占いの場合も同じです。

「私はミステリアスなキャラの占い師だから、笑顔や明るい挨拶は必要ないの」という言い訳はやめましょう。

仕事で成果を出し、しっかり稼ぐために、気持ちの良いコミュニケーションは必要不可欠です。占い師である前に、ひとりの社会人として大切なことを意識して実践しましょう。

02

★★

稼げる占い師は、ITスキルを磨き続ける

稼げない占い師は、パソコンが苦手

ダメな例

▼「パソコンやスマホがなくても、占いの仕事はできる」

▼「私はお客様の話を直接聞ける対面鑑定にこだわります！」

2020年5月。新型コロナウィルス感染症が猛威を振るい、政府が緊急事態宣言を出して世間に緊張感が高まっていた頃。ある占い師からメールをもらいました。

MAIL

「アナログな私はコロナ以前まで対面で講座と鑑定をしてきました。一応HPやブログなどしていますが、自分で更新できません。そして今Zoomが主流になっていく気配。対面にこだわる一方で、Zoomを取り入れないと社会から遅れていくのではないかという不安があります。出来ない自分と取り入れないといけない時代の間で揺れて、悩みます。」

私はこのメールを読んで、「悩んでいる場合じゃないよ！」と思いました。厳しいようですが、占いの仕事を続けたいなら、悩んでいる余裕はありません。

多くの占い師、特に対面鑑定をしている占い師は、コロナ禍《か》で仕事のやり方を変えざるを得なくなりました。対面鑑定をやりたくてもできない状況に追い込まれたなら、知恵を絞って別の方法を取り入れるしか生き残る道はないのです。

占い師として対面鑑定にこだわるのは素晴らしいですが、その理由が「パソコンやスマホが苦手」ということなら話は別です。「第3章 稼げる占い師になるための営業力」でもご紹介したように、稼げる占い師になるためには自分で更新できるＨＰを持ち、戦略的にＳＮＳを運用するスキルを身につけることが必要不可欠です。

最近では、パソコンやスマートフォンのアプリを使った便利なオンライン鑑定サービスが次々と登場しています。それらを「使い方がわからない」という理由で導入しないなら、自ら稼ぐチャンスを放棄しているのと同じです。

稼げる占い師は、ＩＴスキルを磨き続けています。

占い師の中には「パソコンやスマホが苦手」という人も多いですが、積極的に習得する意欲を持たないと、いつまでも苦手なままです。「難しそう」といって毛嫌いせず、思い切ってチャレンジしてみましょう。

私の場合、典型的な文系なので、特にパソコンが得意ということはありません。ただ、以前からＨＰや画像の作成に興味がありました。大学時代に趣味でＨＰを作ったのが最初で、副業で占い師をしていた時も自分でＨＰを作って更新していました。会社員時代に職場のＨＰ運営を担当していた頃は、取引先のＷｅｂディレクターやデザイナーとやり取りするために、Ｗｅｂデザンの基礎をひと通り独学しました。担当である私にまったく知識がないとスムーズに仕事が進まないので、基本的なＷｅｂデザインの知識や専門用語を身につけておく必要があったのです。

その後、占いの会社を起業したタイミングで画像作成ソフト（イラストレーター・フォトショップ）を購入し、基本的な使い方を学ぶためにＷｅｂデザインの学校に通いました。ソフトの代金と学費という初期投資が必要でしたが、簡単な画像ならすぐに自分で作れるスキルが身につきました。費用の面でも時間の面でも、その後の占い師の仕事に役立っています。

現在では、特に専門的なスキルがなくても、スマートフォンさえあれば簡単に画像加工や動画編集ができます。技術の発展に伴って新しいアプリやサービスが増え、今後どんどん便利になっていくでしょう。だからこそ、便利なＩＴサービスに興味を持ち、自分にとって必要なものを取り入れていける占い師は有利です。

逆に、今のあなたが稼げる占い師でも、「パソコンは難しい」「スマホは面倒くさい」と言って躊躇《ちゅうちょ》していると、あっという間に稼げない占い師になってしまいます。これからも占いの仕事を続けて安定した収入を得たいなら、積極的にＩＴスキルを身につけ、さらに磨き続けましょう。

03

★

稼げる占い師は、返信が早い
稼げない占い師は、返信が遅い

ダメな例

▼「大切なお客様からの問い合わせには、じっくり内容を考えてから返信したい」
▼「引っ張りだこで忙しい占い師だと思われたいから、すぐに返信しない」

一般的に「仕事ができる人ほど返信が早い」と言われていますが、占い師にも同じことが当てはまります。稼げる占い師は、返信がスピーディーです。

占い師に相談したい人は、何らかの悩みや心配事を抱えています。ただでさえ心が不安定なので、占い師からの返信が遅いと「メールはちゃんと届いたかな」と不安になってしまうでしょう。占い師からの返信が早ければ、お客様は安心します。それは、占い師への信頼感につながります。

申し込みや問い合わせの時点で「この占い師は信頼できるかどうか」という印象が決まるのです。

もしあなたがＳＮＳをしているなら、ＳＮＳのコメント欄やメッセージ経由でお客様からの問い合わせがくることもあるでしょう。返信は早ければ早いほど信頼感が高まりますが、様々な仕事がある中で即返信するのが難しい場合もあります。そのため、「お問い合わせをいただいた場合は24時間以内に返信します」など、ただし書きを書いておくといいでしょう。

また、ＨＰに「お問い合わせ専用フォーム」を設置している場合は、自動返信メールを送る設定にしておきましょう。自動返信メールの文面には「お問い合わせを受け付けました。24時間以内にあらためて詳細をご案内します」など、具体的な時間を入れておくのがオススメです。そうすることで、あなたは慌てて返信する必要がなくなり、お客様も安心できるでしょう。

04

★

稼げる占い師は、鑑定準備がスピーディー
稼げない占い師は、鑑定準備に時間をかける

ダメな例

▼「明日は鑑定。時間をかけて命式を読み込み、しっかり準備しよう」
▼「鑑定前にお客様のホロスコープのポイントを全部書き出しておこう」

稼げる占い師は、鑑定準備がスピーディーです。占い館での対面鑑定、電話鑑定、イベント鑑定などは、瞬発力勝負。お客様の基本情報（生年月日時など）を確認したらすぐに命式やホロスコープを作り、相談内容を確認しながらタロットカードをめくったりすることが多いでしょう。しかも、売れっ子占い師ほど次々とお客様がやってくるので、鑑定準備もどんどんスピードアップしていきます。

一方、完全予約制で個人鑑定の仕事をしている場合は、状況が異なります。事前にお客様の基本情報がわかっているので、その場ですぐに鑑定準備を整える必要がなく、時間に余裕が生まれます。

ただ、それが裏目に出てしまう場合があります。真面目な占い師ほど「しっかり占わなきゃ」というプレッシャーを感じて、事前の鑑定準備に時間をかけてしまいがちです。

丁寧なのは素晴らしいことですが、要領や段取りが悪いのはNGです。例えば鑑定料金が「1時間1万円」でも、鑑定準備に3時間かけてしまったら実質的な時給は2500円（1万円÷4時間）にしかなりません。さらに、鑑定場所と自宅が離れていて、往復で1時間必要な場合は、実質的な時給が2000円（1万円÷5時間）に下がってしまいます。

タイム・イズ・マネー。時間はお金です。稼げる占い師とは、自分の時給ができるだけ高くなるように計算し、実働時間をコントロールできる人です。

もしあなたが「時間をかけて丁寧に準備すれば、自信を持って鑑定ができる」と思っているなら、やり方を見直す必要があります。短時間でテキパキと鑑定準備を整えましょう。

05

★★

稼げる占い師は、契約書を読み込む

稼げない占い師は、契約なしで仕事を進める

ダメな例

▼「難しいことはよくわからないから、契約書を読むのが苦手」
▼「付き合いが長い取引先だから、口約束だけでOK」

稼げない占い師は、慣れ合いで仕事を進めてしまいます。ただ、「今度のイベントで占いお願い！」「OK！」という軽いノリで仕事を受けていては、稼げるようになりません。なぜなら、契約内容が曖昧《あいまい》なままだと、安心して仕事に取り組むことができないからです。何の心配もなく、ベストなコンディションで占いの仕事をするためには、契約が必要です。これは、仕事相手が個人でも法人でも同じです。仕事の依頼があれば、必ず契約を交わすようにしましょう。

あなたが占い館や電話占いに登録している場合は、最初に運営会社と契約することになるでしょう。ただ、個人的に受ける仕事に関しては曖昧になりがちです。単発の占いイベント出演依頼や、占い原稿の執筆依頼などでも、必ず契約を交わすようにしましょう。なお、占い師だからといって特別な契約はなく、一般的な法律が適用されます。

また、契約時は、細かい点まで書面に記して契約書を交わすことが重要です。契約は、仕事を依頼する人と受ける人が契約書に押印することで成立します。口約束だけだと報酬を受け取ることができなかったり、途中で契約を解消されたりするおそれがあるので要注意です。メールの依頼も有効ですが、できる限り契約書を作成した方が安心です。

契約段階で不安な部分や曖昧な部分がある場合は、必ず確認しておきましょう。「こんなことを聞いたら失礼かな？」という遠慮はいりません。きちんとした取引先であればコンプライアンスに敏感なので、不備のない契約を交わそうとするはずです。スムーズに仕事を進めるためにも、お互いに納得できる内容で契約しましょう。

契約の際に確認しておくべき項目

契約

・占いイベントに出演する場合：具体的な業務内容、出演料、税金の扱い、出演料の支払い期日、鑑定場所、鑑定時間、休憩時間、交通費の有無、禁止事項や制約事項（守秘義務など）、違約金や損害賠償について

・占い原稿を作成する場合：具体的な業務内容、原稿料、税金の扱い、原稿料の支払い期日、納期（締切日）、納品方法、掲載媒体、二次利用の有無、禁止事項や制約事項（守秘義務や著作権の帰属など）、違約金や損害賠償について

06 ★

稼げる占い師は、交渉力がある
稼げない占い師は、交渉力がない

ダメな例

▼「お世話になっている人からの仕事依頼は、相手の言い値で受ける」
▼「面倒くさい占い師だと思われたくないから、鑑定料の交渉をしない」

もしあなたが同じ占い館や電話占いに長く所属していて、ずっと鑑定料が変わらないなら、交渉する余地があります。鑑定料はあなたの占い師としての価値を表します。あなたが経験を積み重ねて占い師としてのレベルが上がっているなら、鑑定料も当然アップするべきです。そのため、鑑定料の交渉は決して悪いことではありません。交渉する中で「これ以上この鑑定料で続けることはできない」と判断したら、働く場所を変えるという選択もあります。

私が駆け出しの占い師だった頃、あるビューティーサロンのオーナーが主催するパーティーに呼ばれたことがあります。「パーティーの余興としてタロット鑑定をやりたい」

という希望で、鑑定時間や出演料などの条件は、事前に話し合って決めていました。

イベント当日、終了時間になったので私が帰ろうとしたところ、オーナーに「占って欲しいという人がまだ何人かいるから、延長してもらえない？」と頼まれました。私は他に予定があったので断りましたが、オーナーに押し切られてしまい、仕方なく鑑定を続けました。

後日、延長料金を含めた鑑定料を請求したところ、オーナーから電話がかかってきました。「仕事をもらえたんだから、こういう時はサービスするものでしょう？」と不機嫌な様子だったので、私は「事前の契約と違いますし、時間延長はそちらのリクエストです。その分の料金をお支払いください」とお願いしました。結局、オーナーは私が請求した通りの金額を払ってくれましたが、双方に取って後味の悪い結果となってしまいました。


このように、契約内容が当日変更されることは稀《まれ》です。ただ、仕事を依頼してくれる取引先と対等な関係を築けないことは多々あります。特に、あなたが占い師としての実績が乏しく、「これから頑張ろう！」と張り切っている状況なら要注意です。「仕事が欲しい」という気持ちが先走り、自分にとって不利な条件で契約を結んでしまう可能性があるからです。

ただ、契約条件があまりに酷い場合は「やりがい搾取」になってしまいます。取引先に提示された契約条件が納得できない場合は、きちんと交渉することが重要です。また、仕事の現場では契約内容を厳守してもらいましょう。

仕事は自分と取引先の双方が利益を得られるＷｉｎ－Ｗｉｎ（ウィン・ウィン）の関係で進めることがベストです。そのため、条件が悪い契約内容ばかり提示してくる取引先とは、積極的に交渉しましょう。最悪の場合、思い切って自分から縁を切る勇気を持つことも必要です。稼げる占い師になるためには、占い師としての仕事に自信を持ち、自分の価値を低く見積もらず、堂々と交渉する能力を身につけることが大切です。

以下、取引先と交渉する際によくあるパターンをご紹介します。

取引先に見積り金額を聞かれた場合

最初の問い合わせの時点で、見積り金額を聞かれることがあります。依頼内容が曖《あい》昧《まい》な場合は相手の詳しい要望を確認するのと同時に、「ご予算はいくらですか？」と質問しましょう。

一方、依頼内容が具体的な場合は、高めの金額を提示しましょう。最初から安請け合いをしてしまうと、自分の首を絞めてしまうことになります。後から追加の要望が出てきた場合やコストが増えた場合を想定して、あらかじめ見積り金額を高めに伝えておきましょう。

取引先の予算が少ない場合

取引先の予算があなたの想像以上に少ない場合、素直にそのことを伝えます。ただ、ストレートに「予算不足です」と言ってしまうと角が立つので、「この内容は通常○円で承っておりますが、いかがでしょうか？」と希望の金額を提案する形式を取りましょう。

取引先が提示した予算が「あまりにも安過ぎる」という場合は、仕事を引き受けないという選択もアリです。不満なまま引き受けてしまうと、取引先にとってもあなたにとっても良い結果になりません。妥協することなく交渉しましょう。

長期に渡る仕事の場合

開催期間が数か月に渡る占いイベントや制作期間が年単位のプロジェクトなど、仕事に携わる期間が長期の場合は、報酬の先払いを交渉するのがオススメです。例えば、6か月間継続する仕事の場合、すべて終わってから請求書を送ると、報酬が入金されるのは7か月以上先になってしまいます。その間、あなたがいくら働いても、手にする金額はゼロです。そのため、報酬の一部を「着手金」として先払いしてもらえないかどうか交渉しましょう。

07

★

稼げる占い師は、複業をする
稼げない占い師は、副業をする

ダメな例

▼「本業で稼いだお金で、占いイベントの出展費を払う」
▼「大勢の人前で話すのは苦手なので、占い講師の依頼を断る」

「副業」とは、「本業を持ちながら、空いた時間に占い師として働く」という状況です。経済的には安定しますが、本業が忙しくなると占いの仕事がおろそかになったり、中断したりするので、結果的に稼げる占い師になれません。すると、占いの仕事に投入できる時間やお金が減ってくるので、本業で得た収入を占い師の仕事につぎ込んでしまう……という悪循環に陥ってしまいます。それでは、趣味と同じなので、占いを仕事と呼ぶことはできません。

副業で占い師をする場合は、占いの仕事の必要経費を占い師として得た収入でカバーする。それを徹底しましょう。

一方、「複業」とは、占い師としての収入源を複数作ることです。あなたの占いスキルを生かせる場所は、鑑定だけではありません。稼げる占い師を目指すなら、活動場所を増やし、他の可能性を試してみましょう。色々なニーズに対応できるようにしておくと、収入を得る機会が増えて売り上げもアップします。

例えば、占い館で対面鑑定をしながら電話占いで相談に乗る、個人で対面鑑定をしながら占いライターとしてメディアに原稿を提供するなど、複数の占いの仕事を組み合わせれば、収入源が増えます。収入源を分散させておけば、一つの仕事がなくなっても別の仕事をすることができるので、リスク回避にもなります。

では、具体的にどのような方法があるのでしょうか。一般的な占い師の仕事である「鑑定」に加える「複業」の候補をご紹介します。

複業

- **イベント出演**：占いイベントをはじめ、お祭り、フェス、文化祭、企業の周年イベントやパーティーで鑑定をする
- **占い講座の開講**：占いの先生としてカルチャーセンターで教えたり、個人で

占い講座を開いたりする

・占いコンテンツの提供：占い本の執筆をはじめ、雑誌、新聞、フリーペーパー、会報誌、ＤＭなどの紙媒体や、ＷｅｂサイトなどのＩＴメディアに占い原稿を提供する

・個人のアドバイザー：経営者・政治家・タレントなど多忙な個人と契約し、定期的に相談に乗る

・講演会に登壇：企業やサロンが主催する講演会やセミナーで「今年の運勢」や「開運」をテーマに講演する

・占いイベントの主催：占いイベントの会場を用意し、出演する占い師を集めたり、宣伝したりする

・**占い学校の運営**：占い学校や占いスクールを運営し、後進を育てる

・**占いプロダクションの運営**：占い師がスムーズに活動できるようサポートする組織を運営する

・**占い事業のコンサルティング**：占いに関連した商品やサービスを展開したい法人のコンサルティングをする

・**占いグッズのプロデュース**：占いグッズを販売したいメーカーと提携し、アクセサリーや開運アイテムなどをプロデュースする

08

★★

稼げる占い師は、時間に余裕がある

稼げない占い師は、休まず働く

ダメな例

▼「本業の休み時間にメール鑑定の仕事をする」
▼「本業が終わって帰宅してから、電話鑑定で待機する」

占い師の仕事で稼ごうという人は、タフでバイタリティー旺盛な人が多いようです。健康に自信があるので、24時間365日フル稼働する前提で仕事のスケジュールを立ててしまうこともあるでしょう。ですが、働き過ぎて体を壊してしまっては、元も子もありません。占いの仕事で長く稼ぐためにも、休む時間をきちんと確保して、無理のない働き方をすることが大切です。

私は、占いの仕事を始めた20代前半の頃、休みなく働いていた時期がありました。当時は会社員としてフルタイムで働いていて、副業として占いの仕事をしていました。「早く一人前の占い師になりたい！」という気持ちが強くて、本業の空き時間に占いの仕事をぎっしり詰め込んでいたのです。

電話占いの副業中は、本業の勤務を終えて帰宅後、夜間に電話鑑定をしていました。ある夜のことですが、0時から始まった鑑定が長引き、終わったのが深夜3時。仮眠を取って、翌朝寝不足のまま出勤しました。

また、月~金曜日は会社で働き、週末の2日間は占い館で鑑定をしていた時期もありました。休日がまったくないのはさすがに疲れ、数か月でダウンしてしまいました。

さらに、占いライターの副業で、雑誌の占い巻頭特集30ページを書く仕事を引き受けたこともありました。フルタイムの会社員として働きながら、帰宅後と週末を使って原稿を書き続け、1か月間ほぼ徹夜でした。

どれも若かったからできたことで、今同じ働き方ができるかといえば絶対に無理です。というより、そんな働き方はしたくないし、する必要もありません。

占い師の仕事は、体が資本です。休まずに無茶な働き方を続けていると、いつか倒れてしまいます。自分の健康を守り、元気に占いの仕事を続けるためにも、しっかり休みを取りましょう。

また、時間に余裕がある生活をすることは、稼げる占い師になるためにも必要なことです。例えば、仕事のスケジュールが常にぎっしり詰まっていると、条件の良い仕事のオファーが来た時に快諾することができません。

日頃から余裕のあるスケジュールを組んでおくことで、仕事の幅を広げたり、新しい仕事のチャンスをつかんだりすることができるのです。

09

★

稼げる占い師は、**とりあえずやってみる**

稼げない占い師は、完璧に準備を整えようとする

ダメな例

▼「占いの講座を始めたいけれど、納得いくカリキュラムができない」

▼「新しい占術を鑑定メニューに加えたいけれど、まだまだ経験が足りない」

"Done is better than Perfect."

Facebookの創業者であるマーク・ザッカーバーグの言葉です。直訳すると「完了は完璧よりも優れている」。わかりやすく言い換えると「完璧を目指すより、まず終わらせろ」という意味です。

製品やサービスを完璧に作ろうとすると時間がかかるし、凝り過ぎると完成しないこともあります。「完璧じゃなくてもいいから、とにかく製品やサービスを完成させて、その後で改良しよう」という発想です。

私もこの考えに賛成です。なぜなら、自分の頭の中のアイデアは机上の空論でしかなく、それを完璧に実現できる日は永遠に来ないからです。

稼げる占い師は対面鑑定だけでなく、電話鑑定やメール鑑定、占い講師、占いライターなど、占い関係の仕事を幅広く手掛けています。しかし、全員が最初からパーフェクトな鑑定方法や鑑定メニュー、占い講座のカリキュラムを準備できていたわけではないでしょう。むしろ、成功している占い師ほど「これはイマイチだったな」「次はこうしてみよう」というトライ&エラーを繰り返しながら、鑑定方法や講座カリキュラムをブラッシュアップしているはずです。

最初の「ダメな例」でご紹介した「新しい占術を鑑定メニューに加えたいけれど、まだまだ経験が足りない」という占い師には、「あまり難しく考えず、とりあえず始めてみましょう！」とアドバイスしたいです。というのも、占いは一生勉強の世界。自信を持って鑑定ができるようになるには、何度も鑑定を繰り返し、スキルを磨いていくしかありません。また、「これがパーフェクトな鑑定だ！」と思っても、それは単なる占い師の自己満足で、お客様は満足していない可能性もあります。

「稼げる占い師は、とりあえずやってみる」というテーマについてもう一つ参考になるのは、ＰＤＣＡサイクルです。

ＰＤＣＡサイクルとは生産管理や品質管理をスムーズに進める手法で、Ｐｌａｎ（計画）→Ｄｏ（実行）→Ｃｈｅｃｋ（評価）→Ａｃｔｉｏｎ（改善）の４段階を繰り返すことによって改善点を明らかにし、品質や成果を向上させていくものです。

ただ、実際にやってみる前からＰｌａｎ（計画）を立てるのは難しいので、私はＤｏ（実行）から始めるＤＣＡＰサイクルの方が実用的だと思っています。ランニングに例えれば、とりあえず走り出してみて、走りながらフォームを確認し、修正しながら走る……という感じです。

あなたが「占い師として活動の幅を広げたい！」「新しいことにチャレンジしたい！」と思ったら、まずは「Ｄｏ（実行）」から始めてみましょう。最初の一歩を踏み出して状況をＣｈｅｃｋ（検証）すると、足りないものがわかってきます。そして、情報収集をしたり、もっといい方法がないか考えたりしてＡｃｔｉｏｎ（改善）し、その結果を元に満を持して本格的にＰｌａｎ（計画）を立てましょう。それを繰り返すこ

とで、稼げる占い師としてのスキルが上がっていきます。（図９）

　私は現在、西洋占星術とタロットカードを融合して考案・制作した開運アイテム・アストロカード®の講座を開講しています。このアストロカード®は構想期間７年、制作期間３年を経て完成しました。

「こんなカードがあったらいいな」と思い始めたのが２００３年。２０１０年頃から具体的なデザイン案を練り始め、並行して使い方を解説するテキストを執筆。２０１３年末に完成しました。そして２０１４年の年明けから数回のア

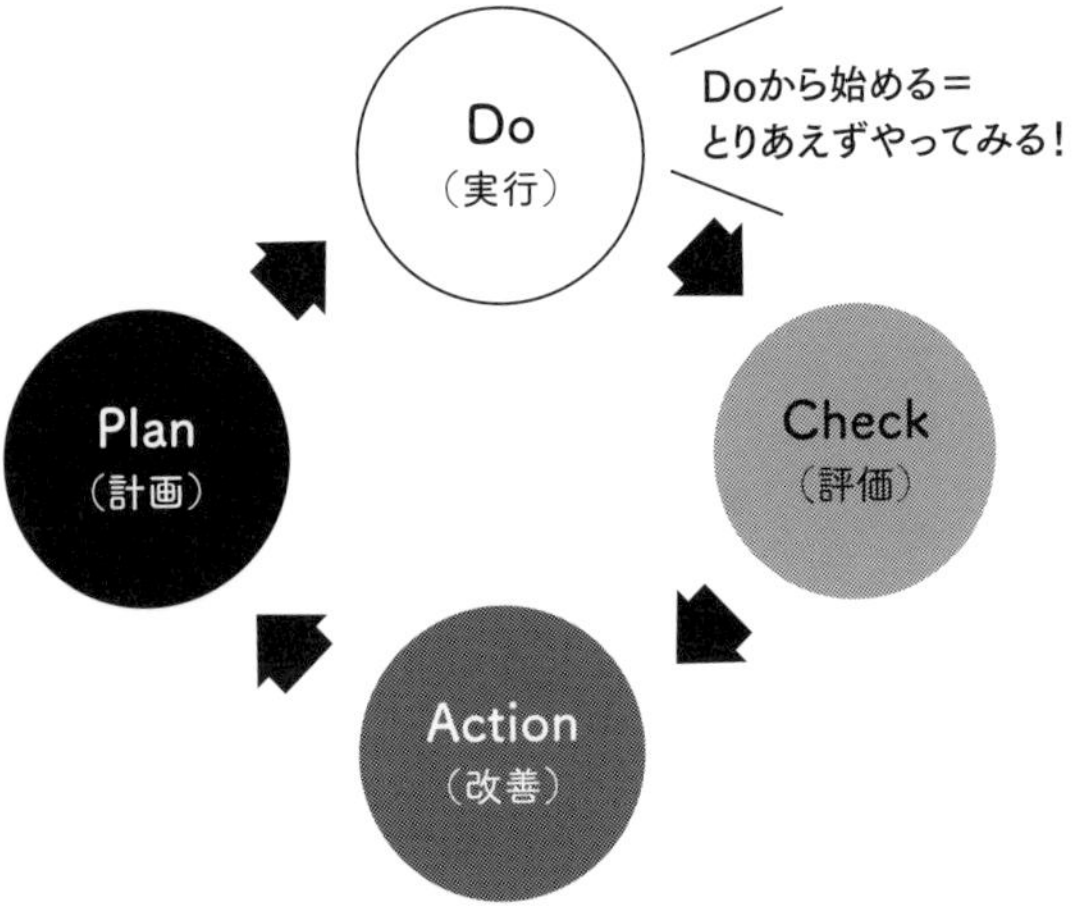

図9

ストロカード®体験講座を開いた後、満を持して本講座をスタートしました。

最初の頃は、教材テキストを自作していましたが、講座を始めてから3年目にデザインと内容を一新。プロのデザイナーに新しい教材テキストのデザインを依頼し、印刷所で製本してもらいました。教材テキストのバージョンアップに伴い、受講料も値上げしました。

その後、通信講座を始めた時は、本格的なスタートの前にモニター講座を開講しました。まず、モニター受講生に定価よりリーズナブルな料金で体験版の講座を提供し、アンケートを書いてもらいました。その内容を反映して教材テキストの内容や講座カリキュラムを見直し、ブラッシュアップした形で本講座をスタートしました。

このように、新しいプロジェクトを始める時は、まずトライアル版を作って、とりあえずスタートしてみることがオススメです。最初から「完璧にしよう！」と張り切ると、いつまで経っても始めることができません。ようやく「これでＯＫ！」と納得できるクオリティに達しても、実際に始める前に色々な不備が見つかると変更や修正が必要になってくるからです。そのため、「まだ完璧じゃないな……」と思っても、とりあえず形にしたものを発表してみて、お客様の反応を見ながらブラッシュアップ&リニューアルを繰り返していくのが正解です。

占い師や占い講師としての知識や技術に磨きをかけることで、鑑定や講座の内容が充実します。そうすることで自信が生まれ、自分の価値を高める（鑑定料や受講料を上げる）ことができます。

稼げる占い師になるためには、「ブラッシュアップを続ける」ことを前提として「とりあえずやってみる」ことが大切です。

10

★

稼げる占い師は、
具体的でわかりやすい言葉を使う

稼げない占い師は、
曖昧《あいまい》でぼんやりした表現をする

ダメな例

▼「女性が太陽を獲得するための気づきをお手伝いします」

▼「星読みスピリチュアルセラピーで、あなたの使命を見つけましょう」

「稼げる占い師は、わかりやすい肩書き・キャッチコピーを付ける」の項目でも解説しましたが、曖昧な表現はＮＧです。占い師としてできることを明確に定義し、わかりやすい言葉で伝えることが必要です。

これは、私が運営しているメールマガジンの読者限定・無料鑑定プレゼントの当選者（ゆうこさん）からのご相談です。

MAIL

「自分を見つめ直す段階で西洋占星術に出合いました。今まで私は、太陽星座を目指す意識に欠けていましたが、ようやく目覚め始めています。この経験を生かし、いつかプロとして女性が太陽を獲得するための気づきを手助けするお仕事がしたいです。うまくいくでしょうか？」

私は鑑定結果をお伝えした後、次のように付け加えました。

MAIL

「プロを目指すなら、具体的でわかりやすい言葉を使いましょう。私は西洋占星術の知識があるので、ゆうこさんのご相談にある『太陽』は『人生の目標・アイデンティティ・プライド』などを意味しているのだと想像できます。ただ、『西洋占星術の太陽』を知らない人は『女性が太陽を獲得する』と言われてもピンときません。お客様に伝わるように、自分の伝えたいことをわかりやすく表現するレッスンをしましょう。」

私の印象では、占い師の中でもスピリチュアルな傾向が強い人は、曖昧な表現を多用しがちです。精神的なもの、霊的なもの、目に見えない世界に惹《ひ》かれるタイプの人に、ふんわりした表現が多くなるのは仕方ないのかもしれません。ですが、占い師として稼ぐためには、曖昧でふんわりしたイメージをお客様にわかりやすく伝える努力が必要です。なぜなら、内容がよくわからない商品やサービスにお金を払う人はいないからです。

逆に、お客様がスピリチュアルな内容の相談をしてくることもあります。鑑定で多いのは「私の人生の使命は何でしょう?」というご相談です。ただ、その言葉を鵜《う》呑みにしてしまうと、表面的な鑑定しかできません。

「私の人生の使命は何でしょう?」という相談をする方は、子育てがひと段落する、リストラされる、介護が終わる、大病をする……など、ご本人にとってインパクトの大きい出来事を体験していることが多いようです。大きなターニングポイントを迎えて寂しさや虚しさを感じ、新しい人生の目標や生きがいが欲しくなっている状態です。「私の人生の使命」という言葉の裏に隠された、本人の真意をつかむことが大切です。

稼げる占い師は、お客様の心の奥底に隠れた悩みや不安をわかりやすい表現で言い換えることができます。

例えば、「あなたの使命を見つけるお手伝いをします」と言う代わりに、「子育てを卒業したお母さんが、新しい人生の一歩を踏み出すサポートをします」と言うなど、わかりやすくて具体的な表現を考えてみましょう。占い師であるあなた自身が満足していても、お客様が「何を言っているのかわからない」と思うようなキャッチフレーズや宣伝文句はＮＧです。

もしあなたが自分の占い師としての仕事内容をわかりやすい言葉で表す自信がないなら、占いに興味がない身近な人に「この意味わかる？」と聞いてみましょう。誰が聞いてもすぐに理解できるよう、占いの専門用語やスピリチュアル用語を一般的な言葉で言い換えることが大切です。

11 ★

稼げる占い師は、

時代の変化にフレキシブルに対応する

稼げない占い師は、

頭が固くて時代の変化についていけない

ダメな例

▼「不倫なんて絶対ダメ！　不倫の相談は受けません」
▼「流行には興味がないし、あまりニュースも見ない」

稼げる占い師は、時代の変化に敏感です。日頃からインターネットだけでなく、テレビ、新聞、雑誌などにも目を通してマメに最新ニュースをチェックしています。その中で気になるキーワードがあれば調べてみたり、詳しい人に話を聞いたりするので、知識がどんどん広がっていきます。

また、稼げる占い師は好奇心が旺盛で、出かける時も常に興味のアンテナを張り巡らせています。移動中に電車の中吊り広告を見る、新しくオープンしたお店があればのぞいてみるなど、日常生活を送る中で自然と新しい情報をキャッチすることができます。

一方、稼げない占い師は、世の中のことにあまり興味がありません。今どんなことが話題になっているのか、何が流行しているのか、よく知らないし、そもそも知ろうという気もありません。そのため、鑑定中にお客様が話していることを理解できなかったり、初めて聞くキーワードが出てきて戸惑ったりします。

ダメな例でご紹介した「不倫なんて絶対ダメ！　不倫の相談は受けません」というような占い師は、昭和の頃は存在したようですが、さすがに今はいないでしょう。不倫相談専門の占い師がいるほど、今や不倫はニーズが高い鑑定テーマです。占い師自身が不倫の相談を好むかどうかは別として、「不倫はダメだから鑑定しない」というのはあまりにも時代錯誤です。

絶滅した恐竜の例からもわかる通り、どんなに強くても、どんなに大きくても、環境の変化に対応できないものは生き残ることができません。

一世を風靡《ふうび》した人気占い師も、同じスタイルでずっと人気をキープし続けるのは難しいのです。稼げる占い師であり続けるためには、時代に合わせて変化していく覚悟と意欲が必要です。

最近、私も鑑定後に反省して落ち込む出来事がありました。

あるイベントでアストロカード®鑑定をした時のことです。お客様は若い女性で、「同居している恋人との将来を占ってほしい」という内容でした。私はいつも通りアストロカード®をめくって二人の相性を占い、今後の展開を占いました。鑑定中、私が「彼は……」と言った瞬間、お客様がつぶやいた一言は衝撃的でした。

「実は……『彼』じゃなくて『彼女』なんです」

私はすぐにお客様に謝りました。ありがたいことに、お客様は自然に「そうなんです。私の恋人は女性なんです」と言って話を続けてくれたので、最後まで鑑定することができました。

鑑定の後、私は「女性からの恋愛相談。相手は男性」という先入観にとらわれていた自分が情けなくて、恥ずかしくなりました。個人的にゲイの友人の相談に乗った経験もあり、自分ではＬＧＢＴＱ（性的マイノリティ）の話題に敏感なつもりでした。それなのに、いざ鑑定の現場になると「女性の恋愛相手は男性」という先入観に引きずられてしまったのです。これが10年前なら「仕方ない」で済んだかもしれませんが、性の多様性に対する意識が高まっている現代の占い師としてはアウトです。

このように、時代の変化にフレキシブルに対応するのは難しい一面もあります。それでも、最初から努力することをあきらめてしまっては、時代遅れで古くさい鑑定しかできない占い師になってしまいます。

思い込みや先入観を捨てて柔軟な発想ができる占い師や、時代の変化に合わせて価値観をアップデートできる占い師なら、お客様はどんな悩みでも安心して相談することができます。そうするとリピーターがついてクチコミの評判もよくなるので、必然的に人気が出て、稼げる占い師になれます。

第5章

お金の知識

稼げる占い師になるために必要な

01

★

稼げる占い師は、数字に強い
稼げない占い師は、数字に弱い

ダメな例

▼「今月は鑑定料1万円で10人を鑑定したから、月収10万円！」
▼「SNSは無料で使えるから、タダで宣伝できてお得♪」

占い師の中には、自分の時給を考えずに働いている人も多いのではないでしょうか。ただ、実際は占いの仕事に関連している時間はすべて労働時間になり、あなた自身の人件費が発生していることを忘れてはいけません。
稼げない占い師は、知らず知らずのうちにタダ働きしている可能性があります。鑑定で得た金額だけでなく、費用や利益に注目しましょう。

例えば、鑑定料1万円で20人を鑑定したら売上の合計は20万円ですが、それがすべて利益になるわけではありません。お客様と連絡を取るためのスマートフォン代（携帯料金）、鑑定に必要なパソコン代、ホロスコープや命式を自動計算するソフト代、鑑定場所に行くための交通費、鑑定時のお茶代、鑑定スペースのレンタル代……など、鑑定の仕事をするために必要な費用がかかっています。そのため、占いの仕事で稼ぐためには【(売上高－費用)÷実働時間＝1時間当たりの利益】を高めることが大切です。(図10)

また、SNSは無料で使えますが、SNS投稿用の写真や文章を用意するあなたの労力は無料ではありません。あなたの時給を1万円と仮定すると、1回分のSNSをアップする準備に30分必要なら、SNS更新にかかる費用は5000円です。それを広告宣伝費に計上するつもりで、自分の労働時間と給

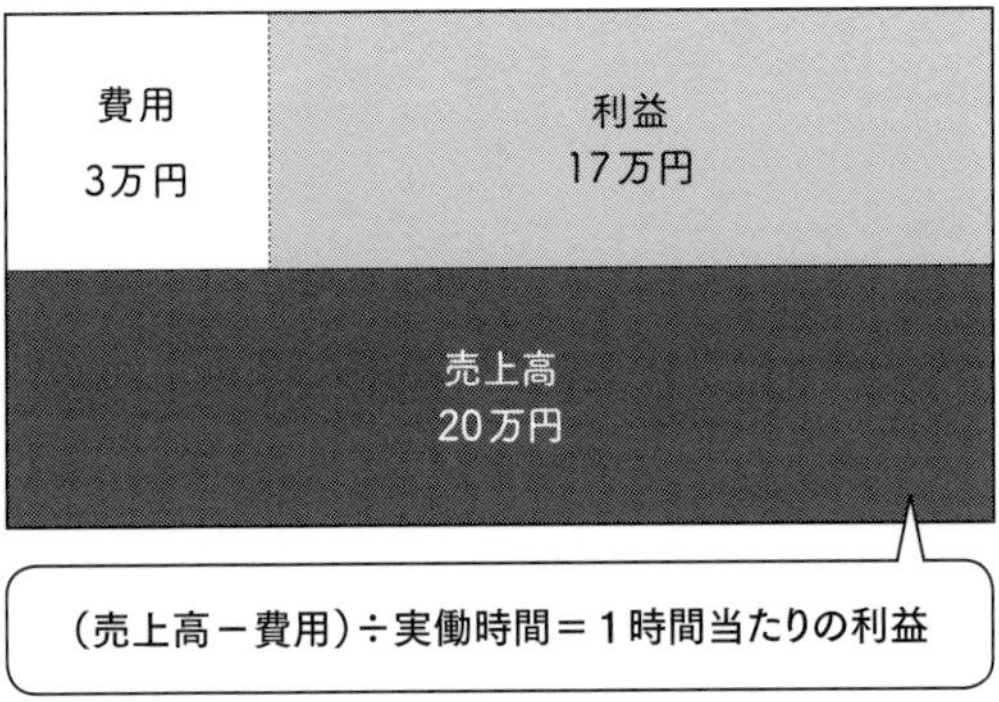

図10

料を具体的な数字で把握しましょう。

バーター取り引きに要注意

バーター取り引きとは、商談の際に金銭のやり取りではなく、物やサービスなどの交換によって交渉を進めることです。占い師の場合、「雑誌に占い原稿を提供してくれたら、あなたのＨＰアドレスを掲載してあげますよ」「今度のイベントで無料鑑定してくれたら、うちの店にチラシを貼ってもいいですよ」などがそれに当たります。

お互いに利益があるのでよさそうですが、両者のパワーバランスが悪い場合は注意が必要です。例えば、相手が大きな法人の場合や、個人でも普段お世話になっている相手の場合、力や立場が弱い占い師の方が不利になりやすいからです。

また、お金をもらわずに仕事をすると、当然のことながら働くモチベーションが下がります。心のどこかに「どうせバーター仕事だから、適当でいいや」という意識が生まれるので、よくありません。稼げる占い師になるためには、自分の仕事に誇りを持ち、きちんと適切な報酬をもらって働くことが大切です。

02

★★

稼げる占い師は、鑑定料を高めに設定する

稼げない占い師は、鑑定料を安くする

ダメな例

▼「本当は1時間1万円で鑑定したいけれど、高過ぎるかもしれないから5000円にしておこう」
▼「友達から鑑定依頼あり。普段より安い『友達価格』で鑑定してあげよう」

あなたは、鑑定料を安く設定していませんか？　自分の鑑定料を低く設定したままだと、いつまで経っても稼げる占い師になれません。「鑑定料はリーズナブルな方が集客しやすい」と思っているなら、それは誤解です。

もしあなたが今「たくさん鑑定しているのに、満足できる稼ぎがない」という状況なら、薄利多売に陥っている可能性があります。薄利多売は資金が豊富な大企業にしかできないビジネスモデルです。

占い師は大企業と真逆の個人事業主なので、薄利多売ではなく高付加価値を目指すべきです。高付加価値とは、占い師としての知識やスキルを高めることです。

マーケティングやブランディングをしっかり行えば、お客様に「あなたに鑑定してもらいたい」と求められる占い師になることができます。

逆に、鑑定料を安く設定している占い師は、お客様に対して「私は大して価値のない占い師です」というメッセージを発していることになります。自己評価が低く、自分に安値を付ける占い師に鑑定してもらいたい人は、どこにもいないでしょう。

また、鑑定料を安く設定してしまうと、安さに魅力を感じるお客様ばかり集めてしまうことになります。すると、目標の金額を稼ぐために多くのお客様を鑑定しなければならなくなり、薄利多売の状態に拍車がかかります。それでは、負のスパイラルに陥ってしまいます。

占い師の鑑定料について、私の印象に残っている体験をご紹介しましょう。私がまだ占い師になる前のこと。ある有名な占い師の講演を聞きに行きました。その内容が面白かったので、興味を持ってHPをチェックしたところ、「個人鑑定の案内」がありました。そこには「鑑定をご希望の方はメールでご連絡ください。詳しいご案内をお送りします」と書いてありました。

「鑑定を受けてみたい」とミーハー心をくすぐられた私は、早速メールを送ってみました。すると、1週間後にその占い師の秘書から返信がきました。そのメールには「鑑定料30分10万円」と書いてありました。当時の私にとって10万円は大金だったので、実際に申し込むことはありませんでした。

おそらく、「鑑定料30分10万円」というのは「お断り料」だったのだと思います。有名な占い師は毎日のように「私も占って欲しい」という依頼を受けているはずです。すべての依頼にまともに対応することは無理なので、鑑定料を高額にして相談者をふるいにかけているのでしょう。

また、「〇〇の鑑定料は高い」「〇〇の鑑定はなかなか予約が取れない」という評判は、ブランディングにつながります。「特別な占い師」であることを演出でき、希少価値が生まれるからです。

占い師に限らず、自営業者にとって価格設定は永遠の課題です。鑑定料をいくらにするべきか、正解はありません。もちろん、他の占い師が鑑定料をいくらに設定しているのか、相場をチェックすることは大事です。ただ、相場の価格帯があなたにとって適切な鑑定料であるとは限りません。

あなたの占い師としての技術や経歴を一番よく知っているのは、あなた自身です。鑑定料の決定は簡単ではありませんが、「鑑定料が高過ぎると、お客さんがこないかもしれない」という不安から安くするのは間違いです。妥協せず、自信を持って、あなたが納得できる金額に設定しましょう。

03 ★

稼げる占い師は、鑑定メニューがわかりやすい

稼げない占い師は、鑑定メニューがゴチャゴチャしている

ダメな例

▼「次のうちからお選びください」と多数の鑑定メニューをズラリと並べる
▼「鑑定メニューはバリエーションが多いほど良い」

ある時、受講生の方から「HPをリニューアルしたので見てください」というメールをいただきました。
早速、拝見したところ「ゴチャゴチャしていて見づらい……」というのが正直な感想でした。特に、縦にズラリと並ぶ鑑定メニューは10個以上あり、ページをスクロールしないと全部見切れないほど。これでは、お客様はどれを選んでいいのかわかりません。「せっかくHPをリニューアルしたのに、もったいない！」と痛感する出来事でした。

占い館や電話占いでは、基本的な鑑定メニューが用意されているので、占い師が自分で考える機会は少ないでしょう。でも、もしあなたが自分のHPで鑑定依頼を受け付けている場合は、あれこれ知恵を絞って鑑定メニューを考えているはずです。その場合、鑑定メニューの数を絞り込むことが重要です。

占い師として「これだけたくさんのことを占えますよ」とアピールしたい気持ちもわかりますが、それは逆効果です。お客様にとっては、鑑定メニューの選択肢が多いほど、考えるのが面倒になってしまいます。多くの選択肢から一つだけを決めることにストレスを感じ、申し込みをせずHPを閉じてしまうこともあるでしょう。

もし、ライバル占い師が簡潔で選びやすい鑑定メニューを紹介していたら、お客様はそちらで鑑定依頼をしてしまうかもしれません。それでは、本末転倒です。

では、どうすればいいのでしょうか？　鑑定メニュー数を設定する際に参考になるのが「松竹梅の法則」です。これは「価格の違う三つを並べると、多くの人は真ん中の価格を選ぶ」という心理傾向のことです。

例えば、寿司屋で「松＝8000円、竹＝5000円、梅＝3000円」のコースがあったとしたら、多くの人は真ん中の「竹」を選ぶ傾向があります。その比率は、

「松＝2：竹＝5：梅＝3」だといわれています。

この「真ん中を選ぶ」という心理傾向は、行動経済学で「極端の回避性」と呼ばれています。人は松竹梅の中から一つだけを選ぶ場面に直面した時に、一番高いコース（松）に対しては「きっとおいしいはずだけど、ちょっと贅沢《ぜいたく》だし、もし期待する味じゃなかったらガッカリしそう……」という心理が働きます。

一方、一番安いコース（梅）に対しては「安いから味もそれなりだろうし、これを選んでケチだと思われたら嫌だな……」という気持ちになります。結果的に、失敗だった時の損失が少なくて、世間体を保つことができる真ん中のコース（竹）が選ばれやすくなるのです。

このように、「松竹梅の法則」は「極端なものを避けて無難なものを選びたい」と思うお客様に対して、「ちょうど良いもの」を提案し、心地良い選択を促す効果があります。

ちなみに、これが「高い」と「安い」の二択だった場合、7割の人が「安い」を選ぶ傾向があるといわれています。選択肢が「竹＝5000円、梅＝3000円」だとすれば、「梅＝3000円」ばかり選ばれてしまうのです。そのため、選択肢が二つだと売上が伸びないという難点があります。

人間が比較できる選択肢の数は、3〜5個までといわれています。その中でも多過ぎず、少な過ぎない「3」がベストです。HPなどで占いの鑑定メニューを案内する時は、三つに絞りましょう。

とはいえ、鑑定メニューの数を三つにしたら、それぞれの鑑定料を適当に決めていいというわけではありません。鑑定料を決める時は、次のステップを参考にしましょう。

鑑定メニュー

1. お客様に申し込んで欲しい鑑定メニュー（竹）より高い鑑定メニュー（松）と安い鑑定メニュー（梅）を用意する
2. 一番高い鑑定メニュー（松）とお客様に申し込んで欲しい鑑定メニュー（竹）の価格幅を広げる
3. 一番安い鑑定メニュー（梅）とお客様に申し込んで欲しい鑑定メニュー（竹）の価格幅を縮める

例えば、あなたが一番申し込んでもらいたいのが60分2万円の鑑定メニュー（竹）だとすれば、「松＝3万2000円、竹＝2万円、梅＝1万6000円」くらいのバランスがよいでしょう。

それぞれのメニューを差別化する方法としては、「松＝90分のスペシャル鑑定3万2000円、竹＝60分の総合鑑定2万円、梅＝40分のスタンダード鑑定1万6000円」など、鑑定時間で区切るとわかりやすいでしょう。

他にも「松＝3名分の相性鑑定3万2000円、竹＝2名分の相性鑑定2万円、梅＝1名分の相性鑑定

松竹梅の法則	before	after
 松＝高い	ナシ	32,000円
 竹＝中間	20,000円	20,000円 一番人気
 梅＝安い	16,000円 一番人気	16,000円

図11

1万6000円」など、占う人数でバリエーションを付ける方法もあります。（図11）

また、「松竹梅の法則」を使うとアンカリング効果も期待できます。アンカリング効果とは、最初に見た価格が判断の基準になり、最後に見た価格を安く感じる効果のことです。

HPは縦長なので、パソコンの場合もスマートフォンの場合も、お客様の視線は上から下へ移動していきます。そのため、HPで鑑定メニューを紹介する時は、鑑定料が高いメニューを一番上に掲載します。図のように、上から松↓竹↓梅の順番に並べておくといいでしょう。

親切心のつもりで豊富な鑑定メニューを用意しても、そのせいで鑑定依頼を検討しているお客様（見込み客）を逃してしまっては本末転倒です。鑑定メニューを紹介する時はできるだけシンプルに、選びやすく、わかりやすい案内を心がけましょう。

04

★

稼げる占い師は、
鑑定料を先に受け取る

稼げない占い師は、
鑑定料を後から受け取る

ダメな例

▼「鑑定予約が入って準備していたのに、当日ドタキャンされた」
▼「鑑定をしたのに、お客様が鑑定料を払ってくれない」

多くの占い師は、鑑定後に鑑定料を受け取る「後払い方式」が大多数です。あなたが占い館や電話占いに所属している占い師なら、鑑定の仕事をした翌月に前月の鑑定料が振り込まれるという形式が多いでしょう。

ただ、あなたが自営の占い師なら、鑑定前に鑑定料を受け取る「先払い方式」がオススメです。というのも、「後払い方式」だと最悪の場合、鑑定料を回収できないからです。例えば、対面鑑定の予約を当日ドタキャンされた場合や、オンライン鑑定の鑑定料を支払ってもらえなかった場合、「後払い方式」だと収入がゼロになってしまいます。

また、対面鑑定の予約をドタキャンされると、それは占い師の機会損失になるだけではなく、他のお客様にとってもマイナスになります。なぜなら、ある日時にあなたの鑑定を受けたいお客様がいても、その鑑定枠が埋まっていたら予約できないからです。簡単に鑑定予約をキャンセルできるという仕組みは、一部のお客様にとっては便利かもしれません。ただし、お客様全体のことを考えると不便で不親切なのです。

とはいえ、「まだ鑑定をしていないのに、先にお金をもらうのは気が引ける」という人もいるでしょう。そんな場合は、「占い師である私の時間を確実におさえ、鑑定枠をキープするための予約料を先払いしてもらう」というように発想を転換してみましょう。

稼げる占い師になるためには、「安心・安全な鑑定料先払い」を導入するとベストです。そうすれば、「ドタキャンされたら嫌だな」「鑑定料をちゃんと払ってもらえるかな」という不安はなくなり、ストレスもありません。

なお、「先払い方式」を実現するためには、お客様が鑑定料を支払いやすい仕組みを作ることが重要です。銀行振込だけでなく、クレジットカードや電子マネーなどで支払いできるサービスを使いましょう。その場合、決済代行会社や、ＢＡＳＥ、ＳＴＯＲＥＳ、Ｐａｙｐａｌなどの決済システムを利用すると便利です。ただ、それぞれのサービスごとに手数料が必要なので、収益と費用のバランスを考慮しながら、どれを使うか検討しましょう。

05

★

稼げる占い師は、固定費を抑える

稼げない占い師は、経費の計算が曖昧《あいまい》

ダメな例

▼「占い師として活躍するなら、鑑定ルームが必要！」と賃貸契約する
▼「自宅で占いの仕事をしたら、家賃や光熱費はタダ！」

稼げない占い師は、経費の計算が曖昧《あいまい》です。一方、稼げる占い師は、きちんと経費を計算し、固定費を抑え、利益を最大化することを考えています。

また、「しっかり稼いでいるのに、手元にお金が残らない」という場合は、適切に経費を計上できていない可能性があります。

固定費の中で、最も大きいのは家賃です。しかも、敷金・礼金・管理費などを含めると多額の初期費用が必要です。解約する場合にも時間がかかるので、オフィスを賃貸契約する場合は慎重になりましょう。

都市部ではレンタルオフィスがたくさんあるので、古いビルの一室を借りるために

高い家賃を払うより、新しくてきれいなレンタルオフィスを契約する方がリーズナブルで快適です。また、居心地が悪いと思ったらすぐに解約して別のところに移ることも可能です。

なお、自宅で占い師の仕事をしている場合、家賃をはじめ光熱費や通信費などの一部を経費として計上できます。家族と同居していたり、インターネット回線を家族と共有したりしている場合でもOKです。その際、家事按分《あんぶん》が必要になります。家事按分とは、自宅用と仕事用の費用が混在している場合、仕事にかかった経費を合理的な基準によって分けるこ

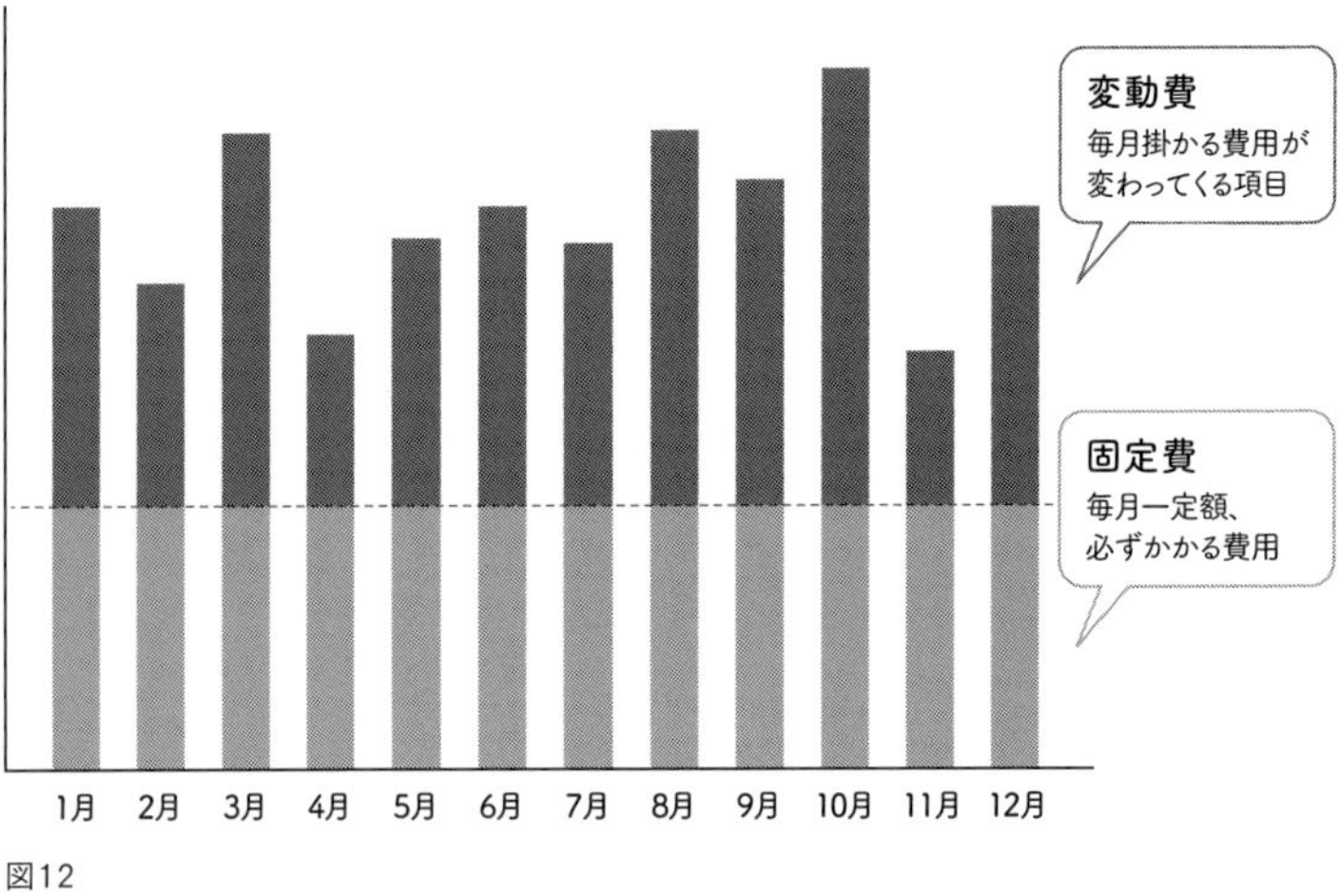

図12

とです。

例えば、インターネット使用料（通信費）を毎月5000円支払っている場合、仕事で50%、プライベートで50%だったら、2500円だけ経費にします。（図12）

占い師の経費の考え方として、「占いの仕事に必要だと説明できるか」が判断基準になります。

経費になる費用一覧

経費

- ・オフィス家具類（デスク、デスクライト、椅子、本棚など）
- ・電子機器（電話、スマートフォン、パソコン、プリンター、スキャナー）
- ・通信費（スマートフォン使用料、インターネット使用料、電話料金）
- ・旅費交通費（鑑定場所までの電車賃）
- ・新聞図書費（占いの専門書や占いの仕事に必要な新聞、書籍、雑誌の購入費）
- ・研究開発費（占いの講座やセミナーの受講料、占いアイテムの購入費など）

・広告宣伝費（ＨＰ制作費、イベント出展費、チラシ印刷代）

占いの仕事の経費を考える時、「これは経費になるかな？」と迷うものも出てきます。また、経費にする場合でも、どの勘定科目で処理していいかわからないものもあるでしょう。迷いがちなものを以下にまとめてみました。

迷いがちな経費一覧

・占いブースに常備しているお客様用のお菓子や飲み物↓消耗品費
・鑑定や講座の時に出すお客様用のお菓子や飲み物↓消耗品費
・お客様や取引先への手土産・贈り物↓交際費
・占い師仲間との飲食費（お茶会や飲み会の割り勘分）↓交際費
・カフェで仕事をする時の飲み物代↓会議費
・鑑定や講座のために使ったレンタルスペースの利用料金↓会議費

90

★★

稼げる占い師は、投資する
稼げない占い師は、浪費する

ダメな例

▼「占いの専門書ってけっこう高いから、図書館で借りよう」
▼「このワンピース素敵♪　いつかイベントで着るかもしれないから、買っておこう」

稼げない占い師は、浪費と投資の違いがわかっていません。占いの仕事をする上で、「何」に「いくら」使っているのかを把握することが大切です。

お金の使い方は「消費・浪費・投資」の三つに分類できます。
稼げる占い師になるためには、あなたが使ったお金がどれに当てはまるのか考えることが重要です。

―・消費……占いの仕事に必要だけれど、あまり生産性を伴わないお金の使い方

〈例：食費、家賃、水道光熱費、消耗品費、交通費など〉

・浪費……占いの仕事に必要ない、無意味なお金の使い方（無駄遣い）
〈例：お菓子やお酒などの嗜好《しこう》品、衝動買いした衣装など〉

・投資……占いの仕事に将来役立ちそうな、生産性の高いお金の使い方
〈例：書籍代、受講料、交際費、健康維持のための出費など〉

使ったお金を「消費・浪費・投資」に分ける時「これってどっち？」と悩むこともあるでしょう。基本的に自分なりの判断基準でよいのですが、常に「これは消費？浪費？投資？」と考えるクセをつけることで、無駄遣いを減らすことができます。
以下、迷いやすい実例をご紹介します。

●鑑定の仕事で疲れたので、大好きなスイーツを買った

甘い物が今の自分に必要なら「消費」。さらに頑張るために必要なら「投資」。買わなくてもよかったと後悔したなら「浪費」になります。

●限定版のタロットカードを購入した

鑑定の仕事で使うためなら「投資」ですが、もし使わずにしまい込んでしまうなら「浪費」です。ただ、それを買うことで仕事のモチベーションが上がるのなら「投資」というとらえ方もできます。慎重に判断しましょう。

●鑑定の仕事帰りに占い師仲間に誘われて飲みに行った

占い師仲間との会食が将来に役立つなら「投資」。仕事の役には立たないけれど、欠かせないお付き合いなら「消費」。「断ってもよかった」と後悔するなら「浪費」です。

また、「消費・浪費・投資」はお金だけではなく、時間にも当てはまります。「タイム・イズ・マネー」という言葉があるように、個人事業主である占い師にとって時間はお金と同じくらい、場合によってはそれ以上に、大切なものです。

例えば、占い館や電話占いでの待機中、あなたは何をしていますか？　目的もなくネットサーフィンをしているなら「時間の浪費」、鑑定に役立ちそうな本を読んだり、ブログを書いたりしているなら「時間の投資」です。仕事の質を上げるためにも、時間の使い方を重視しましょう。

07

★

稼げる占い師は、費用対効果を重視する

稼げない占い師は、やみくもに投資する

ダメな例

▼去年出たイベントの主催者から案内が来たから、今年も出展しよう
▼新しい占い講座を始めるから広告を出そう！

先ほどの項目で「消費・浪費・投資」の説明をしましたが、稼げる占い師になるためには、「消費・浪費・投資」の区別をつけるだけでなく、「投資」をした時の費用対効果を重視することが大切です。

稼げない占い師は、思考が停止しています。何でも「これは投資だから」と自分に言い訳をしてお金を使い、その後の効果をまったく考えません。

「第3章　稼げる占い師になるための営業力」の章でご紹介したイベント出展の例でいえば、出展料10万円のイベントに出たのがきっかけでお客様が増え、20万円稼ぐことができたなら、費用対効果があったことになります。

ところが、稼げない占い師は、イベントに出るだけで満足してしまい、その後、どんな成果が出たのかを気にしません。そのため、まったく集客効果がなくて収入アップにつながっていなくても、また同じイベントに出展してしまうのです。それでは投資どころか、無駄な出費を垂れ流しているのと同じことです。

ただ、費用対効果だけを考えていると、打算的になって自由に動けなくなってしまうこともあります。そんな時は、自分のアイデアを実現するためにもっと便利で、安くて、簡単な方法はないか、徹底的に情報を収集し、頭を使って考えてみましょう。

例えば、占い講座の受講生集客のために広告を出したい場合。まず、どんな広告の種類があって、いくら必要なのか、幅広く情報を収集します。そして、いきなり高額な広告を出稿するのではなく、少額で出せる広告から始めて費用対効果を測るのがオススメです。具体的には、雑誌に広告を出す費用は高額な場合が多いですが、Ｗｅｂ広告は比較的少額で出すことができます。

いきなり30万円の雑誌広告を出して大した集客につながらなければ、損害額が大きい上にやり直しも効きません。

一方、Ｗｅｂ広告なら、まず3万円の広告を出して効果を測定し、うまくいかなければ別のパターンを作って再トライすることができます。広告予算が30万円あれば10回トライできるという計算になります。少しずつ修正して費用対効果の高い広告パターンを見極めることができるのです。

「金がないなら知恵を出せ」というビジネスの格言がありますが、もし金銭的に余裕があっても、思考停止したまま「投資」を続けていたら、すぐに金欠になってしまうでしょう。

稼げる占い師になりたい人、特に「占いの仕事でそこそこ収入があるのに、常に赤字でお金が貯まらない」という人は、外注費、広告宣伝費、研究開発費、交際費などを中心に、費用対効果をチェックしてみましょう。

第6章
現役プロ占い師インタビュー

プロ占い師として活躍中のアストロカード®受講生のみなさんに、伊藤マーリンがインタビューした内容をご紹介します。「占い師」という共通点はありますが、活動場所や仕事のスタイルは様々です。「収入アップの秘訣」など、現役占い師だけが知っている貴重な情報も教えていただきました。伊藤マーリンのアドバイスと合わせて、参考にしてみてください。

※このインタビューは2020年10月に行ったものです。

こよみさん
占い師歴6か月。看護師としてフルタイムで働きながら電話鑑定をする副業占い師。来月、看護師の仕事を辞め、電話鑑定がメインの専業占い師になる予定。

――占いの仕事で、現在いくら稼いでいますか？　また、今後どれくらい稼ぎたいですか？

今の月収は30万円くらいです。働きながら毎日3〜4時間、電話鑑定をしています。分給は約200円で、手取りは30%。看護師の仕事を辞めてフリーになったら月60万円くらい稼ぎたいです。

――「これをしたら収入がアップした！」という秘訣があれば、教えてください。

最初はどうしていいかわからなかったので、夜中に鑑定待機してみたり、朝まで待機してみたり、色々やり方を変えていきました。

予約枠を2時間しか用意していなかったら、お客様から「占ってくれませんか？」というメールがたくさん来たので、予約枠を4時間に増やしました。すると、みんな予約を入れてくれるようになりました。ちょっとやり方を変えるだけで、大きな収入の差になると思います。

また、お客様から「どうしても昼間に鑑定してほしい」というリクエストがあった時、「5時半からならいいですよ」といって急いで帰宅し、鑑定したこともありました。

そうしたら「時間を取ってくれてありがとうございます」と感謝されて。今もできる限りご要望に応えられるようにしています。

――占いの仕事をする上で、今どんな不安や悩みがありますか？

ちょうど今、知り合いから雑誌連載のお誘いが来ています。「『こんな風にしたいです』とビジョンを語った方がいいのかな」とか、「チャンスに乗った方がいいのかな」と思いながら、漠然としてわからない……。

電話占いは「こよみ」とは違う占い師ネームでやっていて、その名前は他で使えないんです。私はまだ独立を考えていないけれど、雑誌の連載をやるんだったら「こよみ」でやった方がいいのかなとか……悩んじゃいますね。

――本書の内容は、不安や悩み解決の参考になりましたか？

はい。特に、「占い師としての『強み』を見つける方法」は「こうすれば稼げる方向に行ける！」という感じがすごいと思いました。私は電話占いを始める時に、何もわからないままプロフィールを設定してしまったので、解決できる「具体的な悩み」を書けばいいというのは参考になりました。キャッチコピーの付け方やＳＮＳの使い方など、具体的な方法をまとめて教えてくれるのも丁寧だと思いました。

私は、独立するのはまだ怖い気がするんです。ちょっとしたところでブロックがかかってしまう。でも、こうして具体的に教えてもらえると希望になります。「占い師として独立するなら、こういう風にするんだな」というのがわかるので、選択肢が広がりますよね。最初の一歩を踏み出す勇気になりました。

■伊藤マーリンからのアドバイス

電話占い師デビューから半年のこよみさん。多忙な本業をしながら、占い師の副業月収30万円は立派ですね！　ただ、報酬の条件がよくない点と、占い師ネームを電話占い以外で使えない点が気になります。

リピーターがいるのはこよみさんに実力がある証拠なので、今の電話占い会社に分給や歩合のアップを交渉するか、もっと好条件の会社に移籍した方がよさそうです。

また、ご自身のHPやSNSを作っておくと、電話占い以外の仕事を始める時にスムーズです。占いが専業になれば今より余裕ができると思うので、本書の内容を参考にしつつ準備を進めるといいでしょう。

ナチュラルハーモニー aomori 奈央さん

占い師歴3年。

本業のかたわら、イベント出演とカラーセラピー&数秘術の講師をする副業占い師。

現在、カラーセラピストと占い師の活動ベースを整えている最中。

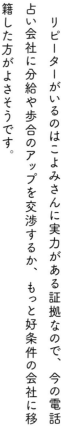

――占いの仕事で、現在いくら稼いでいますか？
また、今後どれくらい稼ぎたいですか？

副業で少ししかやってないから、多い時で1年に10万円くらいです。今後、毎月10万以上は稼ぎたいです。

――「これをしたら収入がアップした！」という秘訣があれば、教えてください。

イベント出演を続けることです。以前、毎月イベントに出演していた時、半年くらいずっと相談に来てくれる方がいました。リピートしてくれることは収入につながっているので、直接つながりを持つことは大事だなと。
イベントの時は「カラーセラピー」より「占い」と打ち出した方が、お客さんが来ます。「占い」の方がインパクトがあるし、「カラーセラピーって結局、解決になるの？」とみんな思ってしまうので。

あと、ＬＩＮＥ公式アカウントは作っておいてよかったと思っています。講座を受けてくれた方もＬＩＮＥの方がアクセスしやすいみたいです。

もう止めてしまったんですが、２０１１年から継続して書いていたアメブロは「青森　カラーセラピー」で検索すると1位でした。あの時はただブログを書くのが楽しくて、自分が好きなことをつらつら書いていただけですが、自己開示をしていることが親近感につながっていたみたいです。ブログを見て隣県から講座に来てくれる人もいました。

――占いの仕事をする上で、今どんな不安や悩みがありますか？

私は自己プロデュースがすごく苦手で、自分をどんどん売り出すことができません。どこに問題があるのか、稼げる占い師になるために自分に必要なものは何かを知りたいです。

あと、計画を立てて自主的に動くのが苦手です。誰かにお膳立てしてもらわないと、どうしても動けない。私は周りの人に恵まれていて、仕事をご紹介いただくなど、これまで他力で細々とやってきました。占いの仕事でお金を生み出すために、どうやって自分で目標を決め、どうやって進めていくのかが、わかりません。

――本書の内容は、不安や悩み解決の参考になりましたか？

「これくらい順序立ててやらないと稼げないよね」と思いました。とにかく、一つひとつやっていかないと、収入に結びつかないということがわかりました。

あと、カラーセラピストとしてイベントに出る時と、占い師として呼ばれる時があって、名前をどうしようか迷っていたので、名前を付けるための大事なポイントを知れてよかったです。

「副業と複業」も参考になりました。やっぱり何かをやりながら占い師になろうとすると、どうしても中途半端になってしまいます。メインのお仕事に引っ張られないよう、自分のやりたい占いの仕事に注力したいと思いました。

■伊藤マーリンからのアドバイス

オフライン集客（イベント）とオンライン集客（ブログ・LINE公式アカウント）を両立しているところが、奈央さんの強みですね。リピート客を大切にしている点も素晴らしいと思います。

稼げる占い師になるためにはやるべきことがたくさんありますが、焦らずコツコツ取り組みましょう。まずは、占い師として「誰のどんな悩みを解決できるのか」を考えるところから始めるのがオススメです。

今後ブログを再開することがあれば、WordPressで運用するといいでしょう。また、お客様に親近感だけでなく信頼感を持っていただけるような内容を意識してみてください。そして、LINE公式アカウントを本格的に運用して濃いファンを集め、鑑定や講座の成約率アップを目指しましょう。

瑠璃羽さん

占い師歴8年。図書館員をしながら個人鑑定をする副業占い師。5年前に鑑定ルーム「森のとまり木」をオープンし、最近タロット講座もスタート。

——占いの仕事で、現在いくら稼いでいますか？　また、今後どれくらい稼ぎたいですか？

月に5〜6万円です。稼働日は月に7〜8日で、毎週木曜日を鑑定の日にしています。鑑定料は30分3000円、タロットと占星術で鑑定する場合は1時間5000円です。今後は、図書館の仕事を続けながら、今の2倍くらい収入アップを目指したいです。

——「これをしたら収入がアップした！」という秘訣があれば、

教えてください。

友達紹介サービスです。「友達を紹介してくれたら鑑定料を30％安くします」というキャンペーンをしたら、クチコミだけで20代の女の子がたくさん来てくれました。女の子同士ってお友達を紹介してくださることが多く、人脈が広い方に当たるとお客さんが増えます。

あと、私の場合、地域密着型で、地元のコミュニティに入って活動してるため、そこから仕事を依頼してもらえることが多いです。地元の方々との関わり合いの中から仕事をいただいたり、アロマセラピストやアクセサリー作家さんとコラボして仕事を作ったり。以前、2時間3000円でワークショップを開催した時、地元の方が20人集めてくれました。単価が安くても、人数が集まれば収入もアップできると実感しました。

——占いの仕事をする上で、今どんな不安や悩みがありますか？

コンスタントにお金を稼げる保証がない、という不安があります。占いの仕事は不安定だから、もう一つの仕事が必要。副業だからできる、占い専業になり切れない、というのがあります。

あと、私は占い師としてどこかに所属するスタイルを好みません。所属先のルールに従うと自分の良さが出せなくなったり、自由な交流やワークショップやイベント活動ができなくなるしがらみは嫌だと思いました。でも、色々な人に「どこかに所属して経験を積んだ方がいいよ」と言われて、「やっぱりその方がいいのかな、所属してないとダメなのかな」という葛藤《かっとう》がありました。

――本書の内容は、不安や悩み解決の参考になりましたか？

すごく参考になって、私の足りないところ、できてない部分、やるべきことを教わりました。SNSの役割の違いとか、自分のHPを作ることが大事とか。何をやったらよくて、何をやったらダメなのか、解説がわかりやすかったです。

一番印象に残ったのは、「お客さんの的を絞るから稼げる」「いらないものを捨てろ」

という部分です。「何でも占います」というのでは、確かに稼げないなと思いました。

あと、「副業より複業」というマーリンさんの考えが私と同じで、うれしかったです。

「どこにも所属しなくていいんだ」と吹っ切れました。そのこともあって、最近タロット講座を始めたんです。独立・自営の占い師のモデルケースとして、仕事のやり方を明確に示してくれるので、道しるべになります。

■伊藤マーリンからのアドバイス

地元の人達とのつながりを大切にしながら、ローカルビジネスで活躍中の瑠璃羽さん。親密度の高いコミュニティをベースに信頼関係を築き、占いの仕事のチャンスを広げているところが素晴らしいですね。

また、どこにも所属せず独立して自営で占いの仕事をすることは、占い師として最強の働き方です。活動の幅を自由に広げ、報酬を自分で決められるので、占いの仕事で稼ぐチャンスが多くなります。

気になるのは、現在の鑑定料が安過ぎる点です。鑑定ルームを運営する経費がかかること、タロット講師の肩書きが加わってキャリアアップしていることから、鑑定料の値上げをオススメします。鑑定料を現在の2倍にすれば、稼働時間を増やさなくても、すぐに目標の「収入倍増」を実現できますよ。

第7章

Q&A

伊藤マーリンが受講生から受けた10個の質問と、その回答をご紹介します。

Q1 テレビで引っ張りだこの人気占い師になるには、どうすればいいですか?

「テレビで引っ張りだこ」というのは、人気占い師というより人気タレントとして活躍する方法を知りたいということですね。「人気タレントになる方法」は本書の範囲外ですが、参考になるのは「占い芸人」のみなさんです。

2000年代中頃から、芸人が占いスキルを身に付けて「占い芸人」としてテレビに出るケースが増えてきました。そのため、あなたが占い師として芸人並のエンターテイメント性やプレゼンテーション能力を発揮し、話題になるパフォーマンスをできれば、テレビの世界で活躍できるでしょう。

中には「『ミステリアスな美人占い師』としてテレビに出たい!」と思う方もいる

かもしれません。ただ、それはなかなか厳しいでしょう。というのも、占い師がテレビに出演する場合、それはバラエティ番組であることが多いので、必然的に芸人枠になります。

ちなみに、ずいぶん前の話ですが、知人の占い師（男性）にテレビ出演依頼が来たことがあります。その時の条件が「オネエキャラとしての出演」だったので、彼は断っていました。

テレビ番組には台本があり、出演者には役割分担があります。あなたが「文化人枠として出演したい」と思っても、テレビ番組サイドが求めているのが「芸人枠」なら狙い通りにはいきません。あなたが「テレビで引っ張りだこの人気占い師（タレント）」を目指すなら、自分の理想と実際に求められることを理解した上で、慎重に活動しましょう。

Q2 個人事業主として占い師をしていますが、法人化した方がいいですか？

法人化（会社設立）にはメリットとデメリットがあります。それを正確に把握した上で、どちらがいいかを選びましょう。

まず、法人化（会社設立）のデメリットは、費用がかかるという点です。法人化して株式会社を設立する場合には登記が必要なので、最低でも20万円程度の費用がかかります。この他に開業資金も用意する必要があります。

一方、法人化（会社設立）のメリットは、社会的な信用度が上がるという点です。

ちなみに、私は占い師の仕事を専業にした際、最初から個人事業主ではなく株式会社として起業することを選びました。それは「占い師は一般的に怪しいと思われている職業だ」という自覚があったからです。

もちろん、世の中には様々な会社があり、一概に「株式会社だから怪しくない」というわけではありません。それでも、「個人で占い師をやっています」というより「占いの会社を経営しています」という方が社会的な信用度が高いのは明らかです。実際、株式会社だからスムーズに受注できた仕事もあるので、結果的に法人化してよかったと思っています。

Q3　SNSで「今日のオラクルカード占い」をやっているのですが、他の占い師にマネされます。どうすればいいですか？

ブログやSNSをやっている占い師が避けて通れない「マネした・マネされた問題」。対処法は2つあります。

1　無視する

マネする占い師は、オリジナリティがありません。もちろん、プライドもありません。所詮人のマネしかできないので、占い師としての実力も魅力もないでしょう。そのうち勝手に消えていくので、放っておきましょう。

マネされると気になるし、イライラするし、怒りも湧いてきますが、「そんなつまらない人を相手にしている時間や手間がムダ」と割り切って無視しましょう。そして、あなたは別の生産的な活動をして、占い師としての価値や魅力を高めるのです。あなたをマネする占い師との間に、すぐに大きな差が付くはずです。

2　抗議する

徹底的に抗議しましょう。私はアストロカード®講座のHPの文章を丸ごとコピーされたことがあります。なぜわかったかというと、マネした人が「アストロカード®」という言葉を消し忘れたまま自分のHPに流用していたので、ネット検索でヒットしたのです。うっかりというか、図々しいというか……あきれてしまいますね。

気付いてすぐ、私はそのHPの運営者に抗議のメールを送りました。相手が証拠を消して「言いがかりだ」と反論してきた時に備え、念のため該当HPのWeb魚拓※も取っておきました。すると、本人からすぐにお詫びのメールが来て、該当HPを消去してくれました。

このケースは無事に解決した例ですが、場合によっては抗議することで事態が悪化する恐れもあります。相手に開き直られたり、逆ギレされたりする可能性もあるでしょう。そのため、抗議するとしても、いきなり「マネしないでください！」と主張するのは得策ではありません。事前に客観的な証拠を集め、感情的にならないよう気を付けながら、冷静に話を進めましょう。

※Web魚拓：Web上にあるページをそのままの状態で保存できるサービス

Q4 子育て中のお母さんを占いでサポートする一般社団法人を作る計画があります。スポンサーを探すには、どうしたらいいでしょうか？

スポンサーとは、お金を出してくれる人もしくは企業のことですね。公益性のある活動を行う際にスポンサーを集めることはよくありますが、「占い」がメインだとネックになるかもしれません。というのも、一般的に「占い＝怪しい」という認識があるからです。そのため、スポンサーを探す時は「占いに理解がある人（企業）かどうか」を確認することが重要です。

また、スポンサーのスタンスを知っておくことも大切です。まず確認したいのは「見返りの有無」です。これはスポンサー次第ですが、活動資金を援助する以上、何らかの見返りが欲しいと思うのは当然のことです。例えば、イメージアップにつながる、宣伝効果があるなど、スポンサーのメリットになることです。そのため、あなたが作ろうとしている一般社団法人はスポンサーにどのような価値を提供できるのか、具体的な提案をする必要があります。

さらに、スポンサーが一般社団法人の活動にどのように関わってくるかも要チェックです。「お金は出すけれど、口は出さない」スポンサーなのか、「お金も口も出す」スポンサーなのかで、状況は大きく変わります。

スポンサーを見つけるには、営業活動が必須です。一般社団法人の活動内容に興味を持ってくれそうな人や企業を訪問し、スポンサーになるメリットを直接説明しましょう。

また、クラウドファンディングを活用するのもオススメです。公益性の高い活動をするなら、広く色んな人に活動の趣旨に賛同してもらうことが大切です。一般社団法人の立ち上げに際してクラウドファンディングを行えば、資金と賛同者を同時に集めることができるので一石二鳥です。

Q5

占いモチーフを取り入れたアクセサリーの販売など、物販で稼ぐことはできますか？

もちろん、物販で稼ぐことはできます。「安く仕入れて高く売る」という商売の基本を押さえておけば、損をすることはないでしょう。ただ、物販は在庫が必要なビジネスです。私が考える占い師の仕事の長所は「在庫が必要ない」という点です。占いの道具さえあれば仕事が成り立つので、商品の仕入れも在庫の管理も不要です。

一方、物販を始めると、商品を仕入れるために資金が必要です。在庫を置いておく場所も必要ですし、商品の販売、管理、棚卸にも手間がかかるでしょう。

そのため、あなたが占いアイテムを販売したいなら、小売りの専門店とコラボレーションをするのがオススメです。例えば、パワーストーンのアクセサリーを販売したいなら、パワーストーン専門店とタッグを組みましょう。あなたはアドバイザーやプロデューサー的な役割を担い、アイテムの製作や販売はプロに任せるのがベストです。

また、物販をする場合、霊感商法に間違えられるリスクを考慮しておく必要があります。占い師自身に悪意がなくても、売り方次第では違法になる可能性があります。

2018年改正の消費者契約法では、「霊感その他の合理的に実証することが困難な特別な能力による知見」で、「不安をあおる商法について契約を取り消すことができる」という規定が追加されました。違法になる例として『『私には霊が見える。あなたには悪霊が憑いており、そのままでは病状が悪化する。この数珠を買えば悪霊が去る』と告げて勧誘する行為など」とかなり具体的に解説されています。

霊感商法の例としてよく挙げられる「数珠や壺」には古くさいイメージがあるので、「私には関係ない」と思う占い師もいるでしょう。ただ、「数珠や壺」を「パワーストーンやアクセサリー」と言い換えたら、どうでしょうか？

例えば、占い師が「タロットカードは、今後あなたと彼の仲が悪化すると告げています。でも、このパワーストーンのブレスレットを買って身に着ければ、あなたの恋愛運は改善するでしょう」と伝えて販売したら、違法になる可能性があるのです。

さらに、占い師が自分のＨＰで物販をする場合は、特定商取引法を遵守する必要があります。お客様に誤解を与える表現をしないよう、十分注意しましょう。

Q6

有名占い師が監修している占いアプリをよく見かけます。自分も作りたいのですが、どうしたらいいですか？

あなたが占いアプリをチェックしていて、「こんなのを作りたい」と思うものがあれば、それを制作している会社名を確認しましょう。また、検索サイトで「占いアプリ 制作会社」というキーワードで検索すると、いくつかの会社がヒットします。あなたのアイデアをまとめた企画書を作成して、それらの制作会社に営業しましょう。

ちなみに、私が占いアプリを作った時は、制作会社の担当者から「一緒に占いアプリを作りませんか？」という勧誘メールが来ました。タロットの本を出したり、アストロカード®講座を始めたり、何かと目立つ活動をしていたので、目に留まったようです。

制作会社は次々と占いアプリをリリースしなければならないので、常に新しい占い師を探しています。ただ、自分から営業する場合も、制作会社から勧誘される場合も、占い師としてアピールできる個性や魅力がなければ、占いアプリの企画は実現しません。

そのため、まずは占い師としてのブランディングを強化するところから始めましょう。

ちなみに、占いアプリを作っても、実際はほとんど稼ぐことができません。アプリ開発費がかかる上、アプリストアに支払う手数料が高いので、占い師が受け取る報酬はかなり少なくなります。

しかも、審査に通るためには膨大なコンテンツを用意しなければならず、それを作成する時間と手間を考えると、かなりヒットさせなければ割に合いません。

さらに、占いアプリの収益はレベニューシェア（歩合）で配分されるケースが多いので、ヒットしなければ必然的に占い師が受け取る報酬も少なくなります。

その上、どんどん新しい占いアプリが出てくるので、ライバルは増える一方です。最新版にアップデートし続けるのも費用がかかるので、人気アプリ以外は放置され、淘汰されてしまいます。

このように、制作の手間がかかる割にはあまり稼ぐことができないというのが、占いアプリの実情です。「自分の名前を冠した占いアプリを作りたい」という目的なら、ブランディングに役立つかもしれません。ただし、「占いアプリを作って収入の柱を増やしたい」という目的なら、期待外れになる可能性が高いです。占いアプリを作るメリットとデメリットを両方考えた上で、慎重に行動しましょう。

Q7
占い講座をやりたいのですが、話し方に自信がありません。アナウンススクールに通った方がいいですか？

必要ありません。なぜなら、アナウンサーと占い師、それぞれに必要な話し方のスキルはまったく違うからです。アナウンサーに必要な話し方のスキルは「正確に情報を伝えること」。一方、占い講師に必要な話し方のスキルは「受講生にわかりやすく占いを教えること」です。占い講師が「上手に話そう」と意識し過ぎるあまり、占いの解説がおろそかになってしまうなら本末転倒です。

もちろん、アナウンススクールに通えば、正しい発声方法や話し方を学ぶことができるでしょう。ただ、マニュアルに精通したアナウンサーの話し方は、ビジネスライクな印象を与える場合もあります。多少ぎこちなくても、熱がこもっていてわかりやすい説明をする占い講師の方が、受講生の満足度は高まるはずです。

アナウンサー並の上手な話し方ができなくても、「わかりやすく占いを教えたい」と思う真っ直ぐな気持ちがあれば、いい占い講師になれるでしょう。

Q8

「占い師のプロフィールは親近感が必要だから、趣味などプライベートな一面をアピールした方がいい」と聞きました。私はEXILEの大ファンなのですが、そういう情報もプロフィールに載せた方がいいですか？

第1章でご紹介した「誰のどんな悩みを解決できるのか？」に照らし合わせて考えてみましょう。あなたが占い師としてアピールしたいポイントに「EXILEの大ファンであること」が関連しているなら、その情報をプロフィールに盛り込みましょう。ただし、特に関係ないなら、その情報は必要ありません。

稼げる占い師になるためには、親近感よりも信頼感が重要です。信頼感とは、お客様が「この占い師なら私の悩みを解決してくれる」という実感を持ってくれることです。プロフィールに何を書くべきか迷った時は、「お客様がこれを読んでどう思うのか」を想像し、その効果について徹底的に考えてみましょう。

Q9
人脈を広げるために、異業種交流会に参加した方がいいですか？

異業種交流会に参加するなら「人脈を広げること」を目的にしない方がいいでしょう。そもそも、人脈とは何でしょう？　何のために広げるのでしょう？

全国各地で異業種交流会が開かれていますが、「自分が得するビジネスチャンスはないか？」「仕事をくれる人はいないか？」と考えている人ばかり集まる場所に行っても、まったく意味がありません。そこで100人と名刺交換し、Facebookの「友達」が100人増えたところで、あなたの占いの仕事にプラスになることはないでしょう。

それよりも、あなたの興味や趣味に関する交流会に参加するのがオススメです。できれば、同じ交流会に参加し続けるのがいいでしょう。そして、その交流会であなたが積極的に貢献できることがあればベストです。

私は以前、ある読書会に参加していました。月に数回それぞれが好きな本を持ち寄って、お互いに紹介し合う会です。メンバーは会社員、公務員、自営業、リタイアした人など職種も年齢もバラバラでしたが、「本が好き」という共通点がある人達が集まっていました。

　私はメンバーに自分が占い師であることは伝えていましたが、そこで営業することはなく、あくまで趣味として参加していました。メンバー同士の食事会やイベントの幹事をすることもありましたが、単純に自分が楽しいからやっていました。

　ところが、私が『ザ・トート・タロット』を出版することになった時、読書会のメンバーは積極的に販促を手伝ってくれました。私が書いたのは占いの専門書。いつも読書会でみんなが紹介している本とは毛色が違います。それでも「仲間が出版するのはめでたい！」と盛り上がり、出版記念パーティーまで開いてくれたのです。私は驚くと同時にとてもうれしくて、感謝の気持ちでいっぱいでした。もし私が最初から「さあ、人脈を増やすぞ！」「バリバリ営業するぞ！」という気持ちで読書会に参加していたら、こんなハッピーな展開にはならなかったでしょう。

　異業種交流会に参加するなら、その会の開催目的や参加者の傾向を確認した上で、自分に合うかどうか慎重に判断しましょう。そして、実際に参加する時は、やみくもに人脈を増やそう思ったり、すぐに仕事につなげようと思ったりせず、まずは純粋に参加者との交流を楽しんでみてください。そして、自分に合うと思ったら、継続的に参加し他の参加者と親密度を高め、信頼を得られるようにしましょう。その先に、ビジネスチャンスがあるかもしれません。

Q10
本を出版したいです。どうしたらいいですか？

最初に「どんな本を出版したいか？」「何のために出版したいか？」を明確にしておく必要があります。

「自分の本を出せた！」という満足感だけでいいなら、本を出版するのは簡単です。電子書籍なら、すぐに出版することができるからです。書いた原稿をAmazon KDP（キンドル・ダイレクト・パブリッシング）などのサービスを利用して電子書籍にすれば、ほぼ無料で出版できます。

また、自費出版をしている出版社に企画を持ち込んで相談すれば、すぐに出版することができます。ただ、その場合は高額の費用がかかります。本の単価が1500円で3000冊刊行するとしたら、単純計算で著者の負担は450万円になります。

一方、あなたがビジネス目的、知名度アップやブランディング強化のために本を出したいなら、電子書籍や自費出版はオススメできません。なぜなら、電子書籍は書店に並ばないので、必然的に対象読者が少なくなります。また、自費出版の本は販路が少なく、ほとんど書店に並ばないので、大した宣伝効果はありません。

最も理想的なのは、出版社から商業出版することです。商業出版とは、出版社が費用をすべて負担して書籍を出す出版方法のことです。編集者、校正者、デザイナーなど出版のプロ達が関わるので、クオリティーが高い本が出来上がります。また、出版社の営業部の力によって全国の書店に流通するので、著作が人の目に触れる機会が増え、宣伝効果が期待できます。

商業出版を実現するには、出版社に出版企画書を送り、著者としての自分を売り込む必要があります。出版企画書には、自分のアイデアは他の占い本と比べてどう違うのか、独自の視点やメソッドを盛り込むことが大切です。

悪質な出版業者からの誘いに注意

SNSで「『本を書きませんか？』というお誘いがきました！」と喜んでいる占い師を見かけることがあります。私も占い師であるアストロカード®講座の受講生から「出版社の人から『あなたのブログを本にしませんか？』とメッセージがきました。本を書いたらAmazonで販売してくれるようです。興味はあるのですが、費用が60万円かかります。どう思いますか？」という相談を受けたことがあります。

出版社から直接オファーが来て舞い上がる気持ちもわかりますが、残念ながらこれは単なる営業です。しかも、「自分の本を出したい！」という占い師の夢につけこむ、悪質な出版業者の可能性があります。

基本的に、出版社の編集者は多忙です。インターネットで検索して著者をスカウトすることは、まずありません。ブログ読者が数百人しかいない占い師に、ブログ書籍化の誘いが来るのは不自然なのです。

繰り返しになりますが、お金を出せば簡単に本を出版することができます。ただ、「自分の本を出せた！」という自己満足だけのために数十万～数百万円の大金を払うのは、賢い選択とはいえません。あなたの情熱を悪用する「やりがい搾取業者」には十分注意しましょう。

おわりに

最後まで読んでいただき、ありがとうございます。この本は実用書なので、「ひと通り読んで納得。おしまい！」ではなく、あなたが「これをやってみよう」と思う項目があればすぐに実践することをオススメします。実際にやってみること。それが、稼げる占い師になるための秘訣です。

大きな時代の変わり目に直面している現在、著者である私・伊藤マーリンも試行錯誤の日々を過ごしています。本書の内容の復習も兼ねて、近況をシェアしましょう。

コロナ禍で仕事の環境がガラリと変わった２０２０年。外出自粛ムードが高まり、アストロカード®の通学講座を開講できなくなった春頃、対面レッスンをすべてＺｏｏｍに切り替えました。外に出かけることがなくなって時間に余裕ができたので、夏から秋にかけて本書を執筆。秋から冬にかけて新しいオンライン講座を作りました（稼げる占い師は、時代の変化にフレキシブルに対応する）。

オンライン講座の制作に当たり、まず専用の高性能パソコン・マイク・動画編集ソフトを購入しました（稼げる占い師は、投資する）。

そして、自宅の仕事部屋で講座の資料を作り、それを解説する動画を撮影・録音・編集しました（稼げる占い師は、とりあえずやってみる）。

それと並行して、オンライン講座を開講できる国内外の様々な動画提供サービスを調べ、いくつかを実際に試してみました。その結果、一番使いやすかったアメリカのプラットフォームを使うことにしました（稼げる占い師は、ＩＴスキルを磨き続ける）。

新しいことを始める時は、想定外のトラブルが付きものです。最初からすべてスムーズにいくわけではありません。実際、私がオンライン講座を作っている最中も、何度か原因不明のエラーが出ました。あらゆる手を尽くしても解決せず、思わず泣きそうになったことも……。そんな時は、いったん仕事部屋を離れ、のんびり公園を散歩して気分転換しました（稼げる占い師は、時間に余裕がある）。

また、本書に書いた内容を思い出して「読者にあれこれアドバイスするなら、まず著者である私が実践しなきゃ！」と自分に発破をかけたり、「私ならできる！」と自分を励ましたりしたこともありました。本書にはあえてマインドに関する話題を書きませんでしたが、稼げる占い師を目指すなら「強い意志」と「あきらめない気持ち」も必要ですね。

稼げる占い師への道のりは、山あり谷あり。時には思い通りにいかないこともあるでしょう。ただ、ピンチはチャンス。自分の手と頭を動かしながら身につけた知識や技術は、そう簡単に忘れません。また、「色々やってみたら、できた！」という達成感は自信につながります。

もしあなたが一人で実践するのが難しい場合は、私が力になります。本書に関するご質問がありましたら、伊藤マーリンのホームページuranaito.com（ウラナイトウ・ドットコム）からご連絡ください。あなたの問題解決のお手伝いをします。

最後に、この本を読者の手元にお届けするまでにご尽力いただいたすべての方に、心より感謝します。伊藤マーリンの占い講座受講生の皆様、インタビューに協力して下さったこよみさん、奈央さん、瑠璃羽さん、占い活動を温かく見守ってくれる家族、説話社の編集担当・高木利幸様、販売担当・高橋勧様、デザイナー・遠藤亜矢子様、ありがとうございました。取次・書店販売スタッフの皆様にも、心よりお礼申し上げます。

２０２１年2月12日　水瓶座新月の日に

伊藤マーリン

伊藤マーリン（いとう・まーりん）

占い師・占い講師・占いライター。ハッピーコンパス株式会社代表。

会社員としてフルタイムで働きながら副業で8年間占いの仕事を続けた後、2012年に占い専門会社を起業。

副業占い師時代は、占い館での対面鑑定、電話・メール鑑定、占いイベント出演、占い原稿執筆を中心に活動。占い館の出店や電話占いサービスの開業サポート、占いアプリの開発・運営などにも携わる。

起業後、専業占い師になってからは、占い講師と占いライターの仕事をメインに活動中。西洋占星術とタロットカードを融合して考案した開運アイテム・アストロカード®講座や占いライター養成講座の運営、占い原稿の執筆を中心に、幅広く占いの仕事を展開している。

これまでの鑑定人数は20,000人以上、講座の受講生数は1,000人以上、メディアに提供した占いコンテンツは5,000点以上。複数のウェブサイトで開運コラムの連載を持ち、月間アクセス数は累計2,000,000pvを超える。

著書に『ザ・トート・タロット』『コンポジット占星術』（共に説話社）がある。

HP https://www.uranaito.com/

稼《かせ》げる占《うらな》い師《し》、稼《かせ》げない占《うらな》い師《し》

発行日 2021年7月15日 初版発行

著 者 伊藤マーリン

発行者 酒井文人

発行所 株式会社説話社
〒169-8077 東京都新宿区西早稲田1-1-6

デザイン 遠藤亜矢子

編集担当 高木利幸

印刷・製本 中央精版印刷株式会社

ISBN 978-4-906828-76-0 C 2011